傳說裡的心理學2

—異婚與冥戀—

諮商心理師 鐘穎 著

目錄

參：異婚

肆：冥戀

參：異婚

異婚類型的傳說蒐羅的是人與蟲魚鳥獸結為連理的故事，在這類故事裡，我們見到了古人對萬物的民胞物與之情。那些與我們相異的物種，同樣有機會可以修得人身，易言之，牠們的內在也有向善和轉化的可能性。作為一個「人」，我們是尊貴的，古人如此相信著。但這分尊貴並非一種特權，而是努力後的結果。這是為何我們會在變形故事裡看見人墮落為獸，同時又能在異婚傳說中，見到獸幻化成人。

而與這些幻化成人的動物結婚的主角，便居於一個特別的位置。因為他們的對象既是人也是獸。這代表他們不僅認同人世的倫理，某種程度上，也得認同另一個物種的倫理。而這些低於人的物種信奉什麼倫理呢？令人意外的，牠們信奉的是與我們相近的倫理。易言之，異婚傳說假設了一個共有的秩序存在。在這樣的秩序中，萬物雖有不同的樣貌，卻共享著同一種精神世界。

異婚傳說也象徵著人對異物特質的吸納，相當程度來說，故事指的是人類的不足可藉由他者來得到補償，人的欠缺有賴萬物得到完整。人與眾生彼此相依，相互需要，同是整個宇宙的一部分。我們因此學會對大自然謙虛，能真正以伙伴之情看待那些周遭的生物。

這系列的故事包含了著名的〈南柯太守傳〉、〈柳毅〉、〈白蛇傳〉與〈蛙神〉等篇。依序分析如下。

兩名使者領他進了家門，走上臺階，他看見自己正睡在東面的長廊上，不覺大吃一驚，不敢走近……

一、南柯太守傳（中國・《太平廣記》）

故事大綱

東平郡的淳于棼在江南一帶行俠仗義。他喜歡喝酒，又常意氣行事，為人不拘小節（原文為「嗜酒使氣，不守細行」）。因為家中的積蓄豐厚，所以收留了一批豪俠之士。淳于棼曾憑藉武藝做了淮南節度使手下的偏將，但因喝醉冒犯了主帥而被革職。從此仕途不順，他便整日放浪形骸，喝酒度日。

他家位於廣陵郡城外東面十里處，住處南邊有一株古老的大槐樹，枝幹又長又密，樹蔭遮蓋了好幾畝的地。淳于棼整天就與那批豪俠在樹下縱情狂飲，某一天，他喝多了很不舒服。兩名朋友將他扶入家中，躺在正屋東面的走廊上休息，告訴他：「你先睡吧！我們去餵個馬，洗洗腳，等你好一點了我們再走。」

淳于棼靠在枕頭上，恍惚之間，好像做起夢來。他看到有兩名穿紫衣的使者向他跪拜：「槐安國王派小臣們傳命邀請大人蒞臨！」淳于棼不由得起身，整理好衣服跟著使者到門口，見到一架馬車，由四匹雄馬拉著，旁邊站著七、八位侍從。他們將淳于棼扶上車，出了大門後，逕直地往古槐樹下的洞穴奔去。淳于棼感到奇怪，但不敢發問。這時忽然發現眼前的山河景物、草木道路都與人世間不同。又往前幾十里，見到了外城與內城，城內川流不息。淳于棼的車駕很有威望，行人都向旁躲閃。一會兒，進了一座大城，數層高的城樓寫著金匾「大槐安國」。城門的守衛見到淳于棼，連忙跑來拜見。

不久，有人騎馬前來傳令：「國王請駙馬暫時在東華館休息！」淳于棼被帶到一棟漂亮的房舍，不久又有人喊：「右丞相拜見！」穿著紫色官袍，手持象牙笏板的人快步走進，兩人恭敬地行了賓主之禮。右丞相說：「敝國荒遠偏僻，國君奉請您來，是想和您締結姻親。」淳于棼回：「我微賤愚劣，怎敢有此妄想？」右丞相於是帶領淳于棼前去拜見國王。

他們進了一道朱紅色的大門，只見左右兩旁陳列著儀仗，幾百名禁衛軍退立在道路兩旁，他的一位酒友周弁也在其中，淳于棼暗自高興，但不敢上前講話。右丞相領著淳于棼登上大殿，只見守衛森嚴，似乎是皇帝的住所。一個高大威嚴的人坐在上面，頭戴紅色華麗的王冠，淳于棼全身發抖，不敢抬頭。國王說：「先前得到令尊大人的吩咐，承蒙他不嫌棄我們這個小國，同意讓我的二女兒瑤芳來伺候您。」淳于棼趴在地上，不敢說話。國王說：「先請住在賓館，然後舉辦婚禮。」

淳于棼回去後心中揣度，自己的父親曾經戍守邊疆，後來身陷敵營，生死不明，莫非是他與番邦有往來，所以促成這樁婚事嗎？他心中疑惑，不明所以。當晚他們舉行了婚禮，玉器綢緞，羔羊大雁，樂器歌女，車馬禮品，應有盡有。大批侍女在賓館裡嬉戲玩耍，穿著金銀霞披，五彩首飾，令人眼花繚亂。她們來來去去，爭著與淳于棼開玩笑，言詞機智，風姿妖嬈，淳于棼根本無暇應答。接著有三名男子前來，說要當他的儐相，其中一個就是他的故交田子華。淳于棼問他：「你怎麼會在這裡呢？」田子華回答：「我到處遊蕩，受到了右丞相的賞識，才得以在此棲身。」淳于棼又說：「周弁也在這裡，你知道嗎？」田子華說：「他現在可是個顯要的人，我受到他多次的庇蔭呢！」兩人有說有笑，十分開心。

婚禮的排場非常隆重，綿延數里不斷，淳于棼坐在車中非常不安，一直來到了「修儀宮」，那群女子擁在淳于棼身邊，讓他下車行禮。只見一位被封為「金枝公主」的少女，年方十四、五歲，彷彿神仙一般。婚後他與公主的感情一天比一天深，榮華富貴也與日俱增，排場及服飾只比國王稍差些。

有天淳于棼啟奏國王：「臣下結婚時，大王說是奉我父親之命，但臣下與家父不通音訊十七、八年了，大王既然知道他的下落，希望能讓我去見他。」國王連忙說：「親家公守衛北疆，只要寫信給他就行了，不用急著過去。」淳于棼打點好禮物，就與家書一同送去。幾天後得到了回信，內容都是父親的舊事，又有思念和教導的話語，情意懇切，和以前一樣。還問到親友的生死，以及家鄉的變更。又說道路遙遠阻隔，非常淒苦，但又不讓淳于棼來見。只說「到了丁丑年時，兩人就能見面」。淳于棼傷心地哭了起來。

某天，妻子問他：「你不想做官嗎？」淳于棼回：「我個性閒散放浪，不熟悉做官之道。」妻子說：「你只管去，我會幫你的。」妻子便去稟告國王。過了幾天，國王命淳于棼當南柯郡太守，淳于棼便要求帶領田子華與周弁一同前往，國王准了。當晚，國王和王后就為他餞行。他到任後體察風俗民情，解除百姓痛苦，行政事務就交給周、田兩人處理，將南柯郡處理得極好。淳于棼做了二十年太守，教化普及，百姓唱歌謠讚頌他，為他建立功德碑。國王的賞賜也很豐厚，對淳于棼非常器重。他在那裡生了五個兒子兩個女兒，兒子都跟著封了官，女兒也與王族訂婚。他的地位顯赫盛極一時，當代沒人能和他相比。

但就在這一年，有個叫做「檀蘿」的國家侵犯南柯郡，國王命令淳于棼帶兵還擊。淳于棼保薦周弁帶兵三萬前去，周弁憑藉血氣之勇，結果打了敗仗。他隻身逃回，敵軍則擄獲各種武器與物資回去。淳于棼將周弁關押起來向國王請罪，但國王赦免了他們。就在這個月，周弁就因為長了毒瘡驟逝，金枝公主也在此時染病，不過十幾天就去世了。淳于棼請求卸除職務，護送靈柩回京。自他回京後，大批權貴都跟他密切往來，威望一天比一天高。國王開始對他感到懷疑，此時有人上奏章，說是根據天象，國家將有大難，京城必須遷移，但除了外力之外，也會有內亂產生。

輿論都認為所謂的內亂是由於淳于棼過度僭越導致的。國王於是撤除他的守衛，將他軟禁家中。淳于棼認為受到不公對待，心中憤懣不平，國王也知道他的心思，就對他說：「我們結成姻親已經二十多年了，我女兒死得太早，不能和你白頭到老，實在難過。」國王又對淳于棼說：「你離開家鄉太久，可以暫時回去看看。外孫們留在這裡，不必掛念，三年後我派人來接你。」淳于棼覺得奇怪：「這裡就是我的家啊！我要回去哪裡？」但國王笑著說：「你本是世間之人，家並不在這裡。」淳于棼迷糊了一下，突然想起了以前的事，哭著說要回去。於是國王就派遣使者送淳于棼離開，他又看到了從前的那兩名紫衣使者跟在身後。

到了大門外，他發現為他準備的車子非常簡陋，僕從車伕都沒有，登車後走了幾里路，就又出了大城，宛然就是當年東來時走過的路，山川田野，景色如舊。可是送他的兩名使者，一點都不威風，這使淳于棼心中更加不快。他問使者：「何時才能到廣陵？」使者只是不答，自顧自地唱歌，好一會兒才回答：「就快到了。」不久，車子駛出一個洞穴，淳于棼便看見了家門口，和從前完全一樣，他不由得落下淚來。兩名使者領他進了家門，走上臺階，他看見自己正睡在東面的長廊上，不覺大吃一驚，不敢走近。兩名使者大聲地呼喚他的名字，淳于棼這才驚醒過來。他看到家裡的僮僕正在打掃庭院，兩個朋友在床邊洗腳，夕陽尚未從西牆上落下，杯中喝剩的酒還在東窗下反光。夢中光陰荏苒，好像已經過了一輩子。

淳于棼感慨嘆息，叫來兩位朋友，把夢境都告訴了他們，他們都很驚駭。於是三人一起出門尋找槐樹下的洞穴，兩個朋友覺得可能是狐狸或樹妖作怪，命令僕人拿著刀斧，砍掉洞穴旁的樹枝，發現洞裡寬敞明亮，足可放下一張床。上面有堆積的泥土，呈現出樓臺、宮殿的樣子，有無數的螞蟻住在那裡。還有兩隻大螞蟻住在上面，身旁有幾十隻大螞蟻護衛著牠們，其他的螞蟻都不敢靠近。這裡就是「槐安國」的京城。南面的樹枝也有一個洞，洞裡彎彎曲曲，中間方方正正，也有土城和小樓，裡面同樣住著一群螞蟻，這就是淳于棼管理的「南柯郡」。又挖到一個洞穴，中間有個小土堆，那兒有老樹根盤繞著，一尺多高，就是淳于棼埋葬妻子的地方。淳于棼追憶往事，心中感慨萬千，不想讓朋友毀壞它們，就小心地照原先的樣子掩蓋好。

當晚風雨大作，淳于棼再去察看洞穴時，螞蟻已經搬走了。他才想起先前的預言，國家將有大難，京城將要遷移的話，現在得到了應驗。他又想到與「檀蘿國」的戰事，因此又出外尋訪蹤跡。果然在住宅東面一里遠的地方找到一棵大檀樹，上面爬滿了藤蘿，遮蔽得不見天日。樹旁有一小洞，裡面也有蟻群築居。所謂的檀蘿國不就是這裡嗎？

當時周弁與田子華都住在六合縣，有十幾天沒見到人了，淳于棼趕忙派人問候，沒想到周弁得了急病過世了，田子華也生病躺在床上。淳于棼從此感到人生的虛幻與短暫，就專心學道，戒絕酒色。又過了三年，他四十七歲，正是丁丑年，淳于棼在家中逝世了，正是國王與他約定的日子。

故事解析

這是一場夢嗎？淳于棼在夢中成了蟻國的駙馬，和他現實中的不如意恰好相反，在那裡風光地度過了二十幾年，直到被迫返家為止。

淳于棼顯然是一個中年的男性，不拘小節，放浪形骸，雖然曾經憑藉武藝做了官，但因喝酒誤事，讓他遭到罷黜。從此靠著家裡的遺產結交了一批「豪俠」，整天喝酒度日。故事告訴我們，淳于棼正是那個標準的，在中年時遭遇了意義危機的男人，沒有穩定的、能提供意義感的工作，也沒有平和的、能提供幸福感的家庭生活。他是一個常見的，有著小聰明的富二代。雖然曾經有過一官半職，但很快就把差事搞砸了。

生命會向我們要求深度

將他作為本系列的開頭饒富意義，因為許多人都有這樣的疑問，所謂的中年危機或意義危機是否只適用於那些困頓於家計的人？有錢就有了意義，縱然嘴巴不說，但人們難免把這兩者畫上等號。事實上，無意義感會找上每個人，不論貧富，生命都會向我們持續要求深度。那些成長路上白手起家的多數人縱然歷經艱辛，然而生命卻會在他們身上留下深刻的痕跡。未經黑暗與挫折，人就無法在尋常事中發現意義。人的誕生並非有意的安排，我們是生命本身為了延續自己而誕生的產物。存在主義認為，生命不帶有特定的目的，既沒有預先安排好的計畫，也不會有被規定好的意義。只要想想，在正常情況下我們無法事先要求胎兒的性別或訂製他的樣貌與脾氣，由此可知，生命本身並不順從任何安排。而未能安排和設計的物品就是不具意義的物品，而這正是人的特徵，是活著的特徵。

舉個例子來說吧！螺絲起子因為特定的目的而被製作出來，因此做一把功能良好的螺絲起子，就是它生命的意義與目的。籃球如此、機器如此，所有帶著目的被設計出來的物品都是如此。杯子活著的目的就是做一個稱職的容器，這是它生命的意義，但人卻不是如此。我們不僅無法預定孩子的個性，也無法在親密關係中預定愛。這證明人處於開放性之中，不可能有目的。沒有目的，就沒有意義。就是在這樣的不確定中，人有了自由。而這分自由既是禮物也是索命符，我們對它的使用或濫用將會形塑我們個人生命的樣貌，從而也形塑了生命的意義。從此點言，人的意義是自己賦予的，沒有人可以代勞，這就是生命給我們最公平的功課。

虛耗生命帶來的內疚

回到這則故事，淳于棼的家產既可被視為幸運也可視為詛咒，因為這讓他從來不需要低著頭，收起自尊過生活。能任性而為的人，家中往往都有物質基礎。這在現今教育環境並不罕見。淳于棼不需為五斗米折腰，被革職後，他只需要和臭味相投的朋友在家鄉「行俠仗義」，縱情狂飲。這看似逍遙的日子，隱含著最大的空虛：時間會擊敗每個英雄，而他的爛醉正說明了此點。健康的人總是專注於過程，包括愛與創造的過程；但不健康的人，或失去自我的人卻成癮於物質，不論是藥物、酒精，還是投資、房地產。

使他爛醉的不是個性的狂放，相反地，是他對自己的內疚。內疚什麼？內疚自己日復一日，年復一年地虛耗自己的生命。當生命中的可能性被耗盡，人只剩下一具空殼。所謂的「嗜酒使氣，不守細行」更像是一種失去生命意義的補償，不如此，他就意識不到自己的存在感。人近中年，淳于棼從未靠己力完成一件像樣的事。如果說有什麼能讓一個人對自己徹底失望，實在莫過於此。存在心理學很貼切地將這種坐視個人生命荒蕪的悔恨，稱為「存在性的內疚」。

補償人格錯誤的潛意識

廣陵城外的住處南邊有一株古老的大槐樹，枝幹又長又密，樹蔭遮蓋了好幾畝的地。那一天他正和朋友豪飲，喝過頭了體力不支，便由兩個朋友扶到東面的長廊睡下。恍惚間，見到了兩名紫衣使者，他們帶著淳于棼上了馬車，直直走進槐樹下的樹洞中，他赫然發現眼前的山河景物、草木道路都與人世間不同。換言之，那天下午，他收到了潛意識的邀請。

榮格認為，潛意識的主要功能是補償，補償我們意識人格的錯誤。淳于棼的生活態度明顯出了問題，要不是家中累有巨產，他不過是鄉里的小癟三。他既未替自己打闖出一個專屬的職場舞臺，「不守細行」四字更明指著他對鄰里鄉間沒有貢獻，只有麻煩。爛醉的時間（亦即下午）暗示著他的人生已經過了最該大放光彩的壯年，創造的能量正逐漸衰退，他被扶進家中的長廊躺下，夢境為他捎來了重要的訊息，邀請他重過一次不同的人生。

槐樹的象徵意義

槐樹是原產於中國的植物，四處皆可見，木質堅硬，可用來做車與船，果實、花蕾皆可入藥。中國人對槐樹的祭拜非常久遠，不僅將槐樹視為神明，同時也把它視為祥瑞，有「槐花黃，舉子忙」這樣的說法。

三國時的王粲著有〈槐賦〉：「惟中堂之奇樹，稟天然之淑姿……鳥願棲而投翼，人望庇而披襟。」同時代的曹丕則稱它「有大邦之美樹，惟令質之可嘉．托靈根於豐壤，被日月之光華」。槐樹在西周時期已經是社樹，所謂的「社」指的就是祭祀土地神的地方。《尚書》中記載「北社唯槐」，也就是說，槐樹是北方土地廟的社樹。《太公金匱》更有這樣的記錄：「武王問太公曰：『天下精神甚眾，恐後復有試予者也，何以待之？』太公請樹槐於王門內，王路之右起西社築垣牆，祭以酒脯，食以犧牲，尊之曰社。」大意是為了迎接諸方神靈，太公建議周武王在王門內種植槐樹祭祀，稱之為「社」，也就是說，槐樹被視為土地神所憑依的地方。槐鼎、槐卿用來指三公九卿；槐宸、槐掖則指宮殿、宮廷。槐這個字是由「木」與「鬼」組成，讀音為「懷」，有懷念、紀念的意思，這說明槐樹是人死後魂魄得以識途返鄉的樹木。易言之，它是中國人集體心靈的故鄉之木。

樹本身又象徵著個體化的發展，埋入土裡的種子在暗無天日的地方生根發芽，自大地（也就是潛意識）間吸取養分，而後破土而出，漸漸地茁壯，完美地對應了意識發展的過程。它的枝葉若要繁茂，根就要扎得深，亦即深至地獄才能使人上達天庭。一個偉大的人，猶如一棵偉大的樹，它的立足處必須不避黑暗，穩穩地耕耘那些凡人看不見、不重視的潛意識心靈。故事裡的槐樹古老巨大，樹蔭遮蔽了數畝的地。紫衣使者帶淳于棼進入樹洞，正是要使他重返心靈的家園。樹洞也象徵著大地女神的子宮。洞穴是黑暗處，樹木又是女神的象徵，因此淳于棼進入槐安國，便有要他修正生活態度，回到大地女神的肚子裡等待重生的意思。

主角淳于棼的姓名也頗有玄機，于在中文裡多數作為介詞而使用，有「在……之中」的意思。棼則意味著紊亂、紛亂，成語「治絲益棼」所指的就是愈處理反讓事情愈複雜。淳于棼這名字，暗示著主角正處在混亂之中，他的內在失序，亟待心靈的重整。

槐安國就是縮小版的人生

蟻王接見了他，告訴他因為淳于棼父親的緣故，要將女兒嫁給他，招他為駙馬。螞蟻是會經歷「完全變態」的昆蟲，需要經過蛹期才能長為成蟲，牠們也是社會群居性的動物，階級分明，猶如人類社會一般。團結、勤勞，是一般人對螞蟻的印象。

伊索寓言中有一則名為〈螞蟻與蟋蟀〉的故事，大意是快樂逍遙的蟋蟀整天彈琴唱歌，勤奮的螞蟻則努力地存糧過冬，前者不解後者為何不能自在地享受人生，直到冬天來臨，蟋蟀沒有食物可吃時才想起向螞蟻求援，結果遭到後者拒絕。春天再臨時，蟋蟀已經餓死。在此處，螞蟻象徵著人類日常的勤奮與努力。印度神話則以螞蟻為譬喻，形容那些窮盡努力想要了解宇宙，或者為了名聲地位汲汲營營的凡人，猶如螞蟻一般，在生命的偉大奧祕前都無足輕重。易言之，螞蟻是渺小卻努力的象徵，而由蟻群建立的槐安國就是人世的複製。

然而，螞蟻也是最依賴與接近大地的昆蟲，牠們的日夜辛勞以及與土地的關係，象徵著人類不知疲倦的「意識」，總是想要蒐集、分類，並為著尚不可見的未來努力。而這個渺小卻不休止的努力，不正是作為富二代的淳于棼最缺乏的生活態度嗎？從故事最末處我們知道，這番奇遇發生時，淳于棼四十四歲，就當時的人而言，其實已相當接近老翁的年紀。韓愈在〈祭十二郎文〉中就曾寫道，「吾年未四十，而視茫茫，髮蒼蒼」，說明了古人的年齡狀態和現代人已有很大不同。

婚姻使人認識自己缺失的面向

蟻王住在大槐樹下，位居槐安國的中心，猶如位居人格中心的「自性」（Self，又譯為「真我」或「本質我」）。在瑞士心理學家榮格的觀點裡，自性是完整的代名詞，和「自我」不同，前者位於集體潛意識中，總是促動個人的生命走向完整。在一般的認知裡，易於將自性跟上帝或宗教中的神祇等同起來。蟻王召淳于棼前來，賞賜他前所未有的殊榮，將年方十四、五歲的女兒嫁給他。金枝公主與淳于棼的婚姻，因此成為了這則傳說最重要的主題。淳于棼與螞蟻的婚姻，象徵著他重新認識了自己原先缺失的面向，努力過對他人有益的生活，甚至在故事的結尾處，他必須學會面對命運的挫折，接受自己的失落。在進入槐安國之前他從未體會過這些，只是個仰賴父親的遺產，盡情虛耗有限人生的中年男子。

四十四歲的淳于棼娶了十四歲的公主，這樁婚姻可說是標準的老少配，淳于棼的過去象徵著一個沉重而空虛的自我，金枝公主則是為他夢中人生注入新生的能量。金枝公主嫁給他後，淳于棼的榮華富貴與日俱增，閒散慣的他也在妻子的敦促下出任南柯郡太守，他帶著好友周弁與田子華同行，他自知自己是個粗人，不諳行政事務，因此把體察民情作為最優先，行政工作就交給周、田兩人處理，民眾愛戴他，為他編歌謠、立石碑，在任二十年間，使教化流行，百姓依附。淳于棼充分在蟻國施展了自己的拳腳，直到檀蘿國入侵，他損兵折將之外，妻子更在此時染病身亡。而妻子之死，也標誌著他夢境人生的轉折點。

遺忘現實，將使阿尼瑪遠去

金枝公主就是淳于棼的阿尼瑪，她的存在連結起了淳于棼所象徵的意識自我與蟻王所象徵的自性。榮格認為，阿尼瑪是引領自我穿越潛意識的嚮導。所以當她在世時，淳于棼才得到了重用。但所有通往自性的通道都會在限定的時間內關閉，那些帶來靈性經驗的神祕時刻從來都不會久留，淳于棼必須善用阿尼瑪帶來的機會完成成長的任務。但象徵著阿尼瑪的金枝公主卻染病死去了，她此時離開的原因不是別的，正是因為淳于棼已漸漸忘記現實生活所致。這一點我們容後再述。

當國王解除他的職務，向淳于棼提出回家鄉的建議時，他覺得很奇怪：「這裡就是我的家啊！我要回去哪裡？」國王笑著告訴他：「你本是世間之人，你的家鄉不在這裡。」在小說《彼得潘》中，當跟著溫蒂一起前去永無島的兩個弟弟漸漸遺忘自己的家和父母親時，終於使溫蒂興起了回家的念頭。永無島本是潛意識的象徵，那裡永遠快樂、青春，但也血腥而危險。海盜們獵捕殺害永無島上的孩子，當那些孩子出現長大的跡象時，彼得潘也會將他們殺死。神話《奧德賽》也有類似的情節，奧德修斯隻身逃離一線天之後，被海風吹向了女神卡綠普娑（Calypso）的島嶼，卡綠普娑的意思是「我隱藏」，他將在那裡卸下疲憊僵化的自我，將自己隱身在潛意識的小島多年，才能完成最後的轉化，得到宙斯的原諒。在狐仙傳說裡的〈小翠〉故事也是如此。

過度依戀無意識

而這就是金枝公主染病身亡的原因，她的死並非意外，乃是潛意識有意為之。一方面，所有的美夢都會結束；另一方面，所有的樂園都有蠱惑人心的蛇。淳于棼的好友周弁雖然素來能幹，但在與檀蘿的戰役中卻過分輕敵而導致敗績，國王雖然同時免除了淳于棼與周弁的罪過，但淳于棼並未想到雪恥或回報君主厚恩，而是因為妻子之死請求解職回京。換句話說，他選擇迴避責任。對金枝公主，也就是阿尼瑪的過分依戀，是造成他這場異婚美夢必須甦醒的第一個原因。

依戀夢境裡的阿尼瑪，就會使我們無法與外在的他人建立關係。在無意識裡的潛行如果沒有足夠的家園意識做支撐，很容易讓人流連忘返，逃避現實。希臘神話裡的食蓮族就是以逃避現實作為對水手的誘惑，吸引那些迷路的水手吃下當地具有致幻物質的蓮花，使他們陷於幻夢中，永久地在異鄉漂流。因此金枝公主在為淳于棼生了五子二女後，以自己的死為淳于棼的返家埋下伏筆，目的是提醒他返回現實的時間已近。

失去界線的自我

他從夢中甦醒的第二個原因清楚多了，故事裡說，淳于棼回京後因為交遊廣闊，「威福日盛」，讓國王與朝臣都很忌憚，這才推升了對他不利的輿論。原文說淳于棼「侈僭」，意指他的生活享用超過了本來的身分，這是一個嚴重的指控。用心理學的角度來看，指的是淳于棼的現實自我正逐漸將有限的自己與完整的自性等同起來，易言之，他不僅背離現實中的自我角色，還將自我視為整體心靈的唯一準則。榮格就不無感嘆地說，當今的心理學只研究意識內容，使個人的內在精神變成了一種意外並完全受到忽略。這並非粗心，而是拒絕承認除了自我以外還有另一個權威（意指潛意識的自性）。另一方面，宗教則相信自我不是唯一的主人，最終做出決定的是上帝而非自己。這點也遭榮格反對。哪怕我們承認有潛意識存在，人們還是只把自己想成「單純」的人，很少為了探索「真我」或「大我」的方向去努力。

對現實人生的遺忘與失落，伴隨著自我的專橫與膨脹，讓淳于棼的自我失去應有的界線。

國王將他軟禁在家，不讓他出門。換言之，自性在夢境裡囚禁了自我，異類在夢境裡囚禁了人類。目的是為了讓他反省界線的拿捏，重建自我界線，一方面用以確保意識自我足夠穩固，以便安然返回現實；另一方面，則是讓淳于棼能明白我們的人格除自我之外另有權威，也就是自性。認為自我是人格中唯一且獨大的，這是多數人容易犯的錯。我們既不懷疑自己的行事動機，也不自問內省，總覺得自己是一個毫無疑問且內外一致的人。這種以假我或人格面具為尊，忽視了內在真我的態度，使得象徵自性的蟻王在這則傳說裡被視為異類，這不是很正常的嗎？

果不其然，淳于棼已經忘記自己是誰，又來自什麼地方。一陣迷糊後，他才恍惚憶起過去。國王派遣當時帶他來的兩個紫衣使者沿路送他回家，從宮殿出發，一路經過內城、外城、城郭，然後出了樹洞，見到鄰里巷弄仍跟往日一樣。下了車後，看到自己還躺在東側長廊，淳于棼大為驚恐。使者叫喊了幾聲他的名字，他才突然醒了過來。原來只是一場夢！僮僕正在打掃庭院，兩個朋友還在洗腳，夕陽也還沒完全西沉呢！

夢是來自潛意識的話語

這二十幾年的回憶竟然只在一瞬之間！《太平廣記》另有一篇名為〈枕中記〉的故事，道士呂翁通曉法術，遇見了一名少年盧生，兩人攀談了起來。盧生看著自己破舊的衣服，感嘆自己懷才不遇。呂翁安慰他，又問：「什麼才是順心如意呢？」盧生回答：「建立功業、揚名天下、出將入相，這才算得上順心如意。可自己現在已經壯年，還在農地裡耕作，難道不算困窘嗎？」呂翁便拿出了一個枕頭遞給盧生，告訴他這能使他如夢想般快活起來。

躺在枕上的盧生，夢見自己娶了清河崔氏之女，生活變得豐厚起來，參加科考中舉，一路順遂。他重視水利，嘉惠轄內百姓，又帶領軍隊開拓邊疆，屢獲戰功。後來雖然受到中傷，幾年之後又官復原職，甚至更上一層樓，聲勢顯赫，簡直無人能比。臨死前上奏章給皇帝感謝他的重用，皇帝哀戚不已。盧生醒來後，發現旅店主人煮的黃粱還沒熟呢，但他竟然已快活地過了一生！從此他就看開了生死，明白了窮達與得失。

同樣是夢，淳于棼的夢醒時分更加曲折，因為他的經歷由盛而衰，與盧生共通的是，這夢裡的一切在現實世界中竟如此短促！夢是來自潛意識的話語，內在神明用以溝通的工具。它會以高度凝縮的方式來處理時空感，因此我們才會覺得轉瞬間彷彿過了一生一世。心理學家佛洛姆（Erich Fromm,1900-1980）認為，夢會表現出我們內心活動的樣貌，它不是無意義的。我們在睡著時不再需要承擔醒覺時的責任與重擔，所以我們在睡覺時反而比醒著的時候更自由。那些「必須」與「應該」都會在睡著的時候讓渡給自由。

因此佛洛姆反對佛洛伊德與榮格的夢觀點，因為前者認為夢境是一種非理性的能力，後者則認為夢境是先天遺傳經驗（亦即原型）的神祕領域。換句話說，佛洛姆跟榮格一樣都認為夢具有智慧，但造成此點的原因是人們在夢境裡的心智作用比清醒狀態更優越，而不是集體潛意識造成的。他說這點並不值得奇怪，也不神祕，因為我們醒著時根本缺乏專注力。我們無法理解夢，並不是因為夢境不夠清晰，而是夢遵循了它的邏輯，才使人摸不清頭緒。如果人要讀懂夢，就要先能讀懂象徵。

來自夢境的提醒

那麼，淳于棼的夢與象徵說明了什麼呢？首先，他的主要問題乃是深陷在日常生活中，無意識地過著毫無生氣的日子。濫飲不僅無從證明他生活精彩，反而說明了他的生命缺乏深度。他在死前三年做了這個奇怪的夢，夢中他與螞蟻公主結婚了，人蟻婚象徵著他重新拾起了對生命的責任，不論是養兒育女，還是治理百姓，都說明他充分地展現了他作為一個人的可能性。

淳于棼生氣勃勃地幹了一番大事業，然而他豪奢的生活態度依舊不改，對阿尼瑪的依戀又過了頭，以致於幾乎忘記了自己是誰，又帶著什麼目的。螞蟻公主之死正是他逐漸遺失自我的結果，最後造成了與自性分手的結局。

蟻王的預告是耐人尋味的：「三年後我派人來接你。」三年後是丁丑年，淳于棼四十七歲，他在這一年去世。自性預告了他的死期。說來可能難以相信，但有時我們的夢境確實可以用來推測身體的健康情形，我自己曾夢見被動物園逃出的老虎在客廳追趕並四處逃竄，那是一隻瘦弱的老虎，從牠的體型（營養不良）、身上的斑紋以及在室內的迂迴逃竄（腸道）、客廳（代表著身體），都在在象徵著腸道可能的疾病。果然不久後，我就因為腸道炎在醫院裡靜養了兩週才勉強出院。詹姆斯霍爾在《榮格解夢書》裡也分享了一些案例，有興趣的讀者可以自行翻閱。

雖然淳于棼預知生死的夢著實玄妙，但在夢裡，人的潛意識確實無比自由，可以更直覺、更清晰地以象徵來提醒我們當下的身心狀況。

異婚之夢傳遞了眾生共享的倫理。夢醒之後的淳于棼發現，現實生活只過了一下午不到，而他已經在槐安國裡過了精彩的後半生。他與朋友翻開樹洞，竟然見到裡面堆積的泥土有如城郭，蟻王蟻后就住在正中間，連他曾治理過的南柯郡和妻子的墳墓都清晰可見。這是夢嗎？還是槐樹與螞蟻共同顯靈了？與異類通婚的經驗不僅讓虛度生命的淳于棼重新梳理自己的意識，耕耘自己的人生，進而產生一定的責任感，還接通了他與自性的關係。異婚作為一種跨越，還向他展現了萬物一體的倫理。異婚傳說隱含的倫理所規範的不僅限於一般的人際關係而已，它所跨越的不僅是物種，更是現實與夢境、人間與異界。換言之，宇宙與眾生無不共享同一種秩序。

醒後的淳于棼翻開樹洞，其中所經歷的正是螞蟻生活的倒反。前面提過，螞蟻會歷經完全變態，幼蟲時期牠們在地底生活，成蟲後才走向地面。然而企圖尋找夢境的淳于棼卻反之，他從地面走向了地底，這個反覆跨界，離開安全地的舉動，使他原本確定無疑的人生產生了位移。更重要的是，他在先前的夢境裡是在槐安國使者的帶領下無意識地走進樹洞，但醒後的他卻是有意識地翻開蟻穴，有意識地走向深處的。淳于棼原可安穩舒適地過著他「豪俠」的地痞生活，但作為意識與潛意識孔道的夢境卻以蟻國生活為喻，使他短促地經歷了一生。當他挖開樹洞，見到槐安國原貌的那一刻，蟻群世界的紛紛擾擾，不正是萬古星辰沉默觀看人間起落的翻版嗎？螞蟻的生活態度究竟是無謂還是必須的呢？

以心理層面而言，異婚讓淳于棼在生命的後期有機會接近完整，與虛度青春的自己和解。從現實角度來說，作為廣陵郡的豪富，長江一帶的要角，倫理只是淳于棼為人處事的參考，法律限制的主要是那些沒有家世背景及家產權力的人，而不是像他這樣的土豪。但異婚則讓淳于棼明白，自己並非世界的中心。螞蟻所象徵渺小而勤奮的生活態度戳破了他一直以來虛妄的自我，特別是夢醒時分，二十餘年的光陰竟然只是一瞬，淳于棼從此感到人生的虛幻與短暫，他戒絕了酒色，改而專心學道。易言之，這樣大與小、長與短的強烈對比開啟了他的靈性。

人因能夠選擇而自由

人之所以對酒色耽溺，有時就是靈性的乾渴所造成的。人的靈性需求會在中年以後日漸凸顯，但人往往會強化對物質的擁有來迴避靈性。成癮是一種替代，菸酒吃喝女人財富無不如此。這些全是靈性需求的替代物。我們藉著成癮來忘卻自己，來使自己沉淪。矛盾的是，自我不僅需要感覺自己很大，也就是讓自己感覺在他人眼裡很重要，備受肯定；同時也需要感覺自己很小，亦即需要柔化鬆綁自我的界線，才能與他人或外在建立連結。然而，拒絕靈性的人無從滿足後者這種需要，只好藉助物質來暫時消弭自我的界線。因此「自我」既是榮耀，也是負擔。因為有

「我」，從而產生了種種執著。「我要」這個，我要那個。或者「我是」這個，我不是那個。

那些被「我」所擁有的物質，即被我所吸附的那些稱謂、特質等，都不是真正的自己。自我沒有本質，存在先於本質而存在。有本質的東西不會改變，猶如鐵不會變成木，書本不會變成電腦那樣。因為它們有其本質，而這無法轉換。人卻不一樣，懶散的人會變得勤懇，負責的人也有可能偷懶。人永遠向當下開放，向未來開放。光從這點來說，人就沒有本質。執著於人性本善或人性本惡的人都弄錯了重點。人是選擇的。是我選擇了善，也是我選擇了惡。選擇本身說明了我的自由，而自由與本質卻不相容。因為後者沒有自由，本質因其先驗性，根本不能選擇。一如生鐵不能選擇成為木頭，土石不能選擇成為珠寶一樣。但人卻能選擇為善，或選擇做惡。

死亡喚醒了生命

「死亡之前，萬物平等」這個神祕的體驗便是來自潛意識自性的贈禮，很可惜的是，「神祕的」（mystic）這個詞在當代受到了許多貶抑與誤解。好像所有不能分割和計算的東西都是神祕的，因此也是錯誤、不真實的。如果我們不能用數學來分析一個事物或一個體驗，那它就不真實，而如果我們能將某件事物還原為數字，那麼它無論如何都肯定是真實的。存在心理學家羅洛梅（Rollo May,1909-1994）曾這麼評論：這種態度與現代西方世界中所特有的隔離與孤獨感有相當大的關係，因為我們讓自己相信，自身真實且唯一的體驗是不真實的。我們否認自己體驗到的現實，這便是孤獨與疏離的主因。因此那究竟是否真為一場夢並不重要，重要的是，淳于棼在那一刻選擇相信了自己。

當他從夢裡醒來，也就是被象徵著自性的蟻王送離槐安國後，分離所代表的死亡焦慮就甦醒了。死亡焦慮喚醒了淳于棼對自身的意識，他意識到人是有限的存在，也是整個大我的一部分。在死亡面前，萬物都是平等的，他膨脹的自我因此消退。這是為何他害怕兩個朋友損壞螞蟻窩，而小心翼翼地將土石重新掩蓋回去的原因。從他愛惜螻蟻的舉動來看，身為「豪俠」的他此刻真正明白了眾生平等的道理。他把握了夢境的象徵意義，從此不再以正義的俠客自居，轉而專心求道，也就是尋訪內心的神聖，走向了個體化之路。看看國內那些自詡神明代言人的土豪劣紳，再想想淳于棼的故事，兩者的高下不是很明白了嗎？

二、柳毅（中國・《太平廣記》）

故事大綱

儀鳳年間，有位名叫柳毅的書生到京城參加科考，結果未能錄取。臨走前他前去跟朋友辭行，忽然有一群鳥直飛起來，馬兒受了驚嚇，離開大路飛奔而去，跑了六、七里才停下來。

只見有個女子在路邊放羊，他覺得奇怪，仔細打量後，卻發現是個非常美麗的女子。可是她愁眉不展，面帶憂傷，穿戴破舊，出神地站著，好像在等什麼。柳毅忍不住問她：「妳有什麼難處，把自己弄成這樣呢？」女子先是露出悲傷的神色向他道謝，但後來又哭著回答：「我是個不幸的人，本來不該說的，但我的怨恨刻骨銘心，又怎能因為慚愧而迴避呢？希望您聽聽看。我原是洞庭龍王的小女兒，父母把我嫁給涇川龍王的二兒子，但丈夫喜歡放蕩玩樂，又被姬妾迷惑，對我一天比一天冷淡、厭惡。後來我把情況告訴公婆，公婆溺愛自己兒子，管束不住他。等說的次數多了，又得罪了他們。公婆折磨我，把我趕了出來。」

說完後低聲地哭了。接著又說：「洞庭湖離此處不知道有多遠，音訊不通，望穿雙眼，愁斷肝腸，也無法讓家人知道我的苦處。聽說您要回南方，您的家鄉緊接洞庭湖，如果託您帶信回去，不知能不能答應？」柳毅說：「我是個講義氣的人。聽了妳的話，心裡很激動，只恨身上沒有翅膀不能快快飛去洞庭湖，怎麼會不答應呢？可是洞庭湖的水很深，我是個平凡人，怎能到龍宮送信呢？只怕凡間和仙境之間道路不通，會辜負了妳的囑託啊！妳可有什麼辦法替我引路？」

那女子一邊哭泣，一邊道謝說：「希望您一路好好保重。要是得到回音，即使死了也一定感謝。方才您還不曾答應，所以我不敢多說。現在您既然答應了，我可以告訴您，龍宮跟人世並沒有不同。」柳毅請她說來聽聽。女子說：「洞庭的南岸有一棵大橘樹，當地人稱它『社橘』。您到那裡後解下腰帶，束上別的東西，拿著腰帶向樹上敲三下，就會有人出來招呼您。您跟著他走，就不會遇見阻礙。」柳毅說：「一定遵命。」

將信收好之後，柳毅問：「妳放牧的這群羊是做什麼用的？難道神明也需要宰殺牲畜嗎？」龍女回答：「這不是羊，而是雨工。牠們是雷電之神。」柳毅仔細地觀看牠們，除了飲水吃草的樣子很不一樣之外，形體大小和毛角都與普通的羊沒什麼不同。柳毅又說：「我替妳做送信的使者，將來妳回到洞庭湖後，希望不要對我避不見面才好。」女子說：「不光不避開您，還要待您像親戚一樣。」說完，兩人就告別了。走不到幾十步，回頭看看女子與羊群，都不見了。

柳毅回到家鄉後就去拜訪了洞庭湖。洞庭湖南岸果然有一棵社橘，他照著女子的吩咐，一會兒有個武士出現在波浪中向柳毅行禮，問道：「貴客從什麼地方來的？」柳毅說：「我特來拜見大王。」武士分開水，指出道路，帶著柳毅前進。對柳毅說：「閉上眼睛，很快就可以到了。」柳毅依照他的話，便到了龍宮。只見高樓大殿一座對著一座，一道道門戶數也數不清，院子裡栽著奇花異木，各式各樣，無所不有。殿柱是用白璧做成的，臺階是用青玉鋪砌的，床是用珊瑚鑲製的，簾子是用水晶串成的，在綠色的門楣上鑲嵌著琉璃，在彩虹似的屋梁上裝飾著琥珀。奇麗幽深的光景，說也說不盡。

可是龍王卻一直也沒出來。柳毅問武士：「洞庭君在哪裡？」武士說：「大王在玄珠閣跟太陽道士談論《火經》，就快結束了。」柳毅問：「什麼叫《火經》？」武士說：「我們大王是龍，龍憑藉著水顯示神靈，拿一滴水就可以漫過山陵溪谷。道士是人，人憑藉火來表現神通，一盞燈火就可以把阿房宮燒成焦土。然而水火的作用不同，變化也不一樣。太陽道士精通火，我們大王請他來，聽聽他的看法。」才說完話，宮門大開。許多侍從簇擁著一位身穿紫袍，手執青玉的人出來了。武士跳起身來說：「這就是我們的大王！」立刻上前報告。

洞庭君打量著柳毅：「這不是凡間來的人嗎？」柳毅回答說：「是。」便向洞庭君行禮，洞庭君也答了禮，請他坐在靈虛殿下。對柳毅說：「宮殿幽深，我又愚昧，先生不怕千里之遠來到這裡，有什麼事呢？」柳毅便將事情原委說了一遍，又拿出龍女的信來，交給了洞庭君。

洞庭君把信看完，用袖子遮臉哭了起來：「這是父親的過錯，我視人不明，像聾子與瞎子一樣，讓小女兒在遠方受陷害也不知道。你是個過路人，卻能仗義救急，承蒙您的大恩大德，我怎敢忘記？」說完後，洞庭君便把信交給侍從，讓他送進宮去。過了一會兒，聽到宮裡發出一片哭聲。洞庭君慌忙說：「快去告訴宮裡，不要哭出聲音，以免讓錢塘君知道。」柳毅問：「錢塘君是誰呢？」洞庭君說：「是我的愛弟，以前做過錢塘龍王，如今已經罷官免職了。」柳毅又問：「爲什麼不讓他知道呢？」洞庭君說：「他勇猛過人。唐堯時代曾鬧過九年洪水，就是他發怒造成的。最近他跟天將不和，又發大水淹掉五嶽。天帝因爲我的緣故，才寬恕了我弟弟。但還是把他拘禁在這裡，但錢塘的人每天都盼他回去。」

話未說完，忽然發出一聲巨響，天崩地裂，宮殿被震得搖擺簸動，陣陣雲霧煙氣往上翻涌。頃刻有一條赤色的巨龍身長千餘尺，閃電似的目光，血紅的舌頭，脖子押著金鎖鏈，鏈子繫在玉柱上，伴著無數的霹靂和閃電直飛去了。柳毅嚇得撲倒在地。洞庭君親自把他扶起，說：「不用害怕，沒危險的。」柳毅好一會兒才鎮定下來，就想告辭。但洞庭君堅持款待他。

不久後吹起了微微的暖風，現出了朵朵彩雲，在一片和樂的氣象裡，出現了精巧的儀仗隊，跟著是吹奏著動聽歌曲的樂隊。無數妝扮起來的侍女，有說有笑。後面有一個美貌的女子。柳毅走近一看，原來就是以前託他捎信的那名女子。可是她又像喜歡又像悲傷，眼淚斷斷續續地掉下來。一會兒紅煙遮在她的左邊，紫雲飄在她的右邊，香風裊繞，已到宮中去了。洞庭君笑著對柳毅說：「在涇水受苦的人回來了。」說完後就向柳毅辭別，回宮中跟女兒敘舊。

過了一會兒，洞庭君重新出來和柳毅歡宴。只見有一人，披著紫袍，拿著青玉，容貌出眾，精神飽滿，站在洞庭君的左邊。原來這就是錢塘君，柳毅起身向錢塘君行禮。錢塘君也很有禮貌地回拜，對柳毅說：「侄女不幸，被那個壞小子虐待。靠您仗義守信，否則她就要死在涇陵。」柳毅謙讓地表示不敢當，只是連聲答應。錢塘君又回頭對他哥哥說：「我辰時從靈虛殿出發，巳時到達涇陽，午時在那邊打鬥，未時回到這裡。中間趕到九重天向天上的玉帝報告。玉帝知道侄女的冤屈便原諒了我。連對我以前的責罰也因此赦免了。可是我性情剛烈，走的時候來不及向您告別，驚擾了宮裡又冒犯了賓客，心裡慚愧惶恐。」因此退後一步，再拜請罪。

洞庭君問：「這次傷害了多少生靈？」回說：「六十萬。」「弄壞莊稼了嗎？」回說：「方圓八百里。」又問：「那個無情無義的小子在哪裡？」回說：「已經被我一口吞了。」洞庭君神色不快：「那小子確實不對，可是你也太魯莽。靠玉帝的英明，了解我女兒的奇冤。不然的話，我怎能卸責呢？從今以後，你別再這樣魯莽了！」錢塘君拜了兩次。

這天晚上，就請柳毅留宿。第二天又宴請柳毅，遍召親友來會，堂前排列著盛大的樂隊，席上安排著美酒，陳設著佳餚。武士與美女分別獻上舞蹈，眾人開懷痛飲，極盡歡娛。

第二天，又在清光閣宴請柳毅。錢塘君藉著酒意，對柳毅以威脅的口氣說道：「明公難道不曾聽說堅硬的石頭只能打碎不能捲曲，義士只可殺死不可羞辱嗎？我有一件心事，想對您說。如果您答應，大家各自圓滿，如果不肯答應，那麼大家就如陷落糞土中，不知足下以為如何？」柳毅道：「我洗耳恭聽。」

錢塘君道：「洞庭君的愛女，性情賢淑，品質美好，被九族姻親所敬重。不幸錯嫁給品行不端的人，以致蒙恥受辱，這件事現在總算了結了。今天我打算請求把她託付給您這樣有高情厚義的人做妻子，讓我們世代成為親戚。這豈不是君子善始善終的道理嗎？」

柳毅態度嚴肅地站起來，猛然冷笑一聲說：「我竟不知錢塘君會如此不明事理。我起初聽說你跨九州，懷五嶽，發泄你的憤怒。又看見你斷金鎖，掣玉柱，慷慨去救人於急難，我以為世上剛直英明果決的人，沒有誰及得上你。對觸犯自己的人，不避死亡的危險去復仇；對使自己感動的人，不惜拚著性命去報答或打抱不平。這才真是大丈夫應有的志向。可是你卻仗恃魁梧的身軀，強悍的性情，借酒使氣，想要逼迫我，這難道是正直的行為嗎？我的瘦小身體，確實不夠藏在大王的一鱗片甲之間，卻仍要對抗你橫行霸道的氣焰，希望你好生思量思量。」

錢塘君連忙向後退謝罪：「寡人生長在深宮，不曾聽過正直的言論。剛才粗疏狂妄，冒犯高明，希望您不要因此介意而生嫌隙才好！」當晚又歡暢地飲宴，歡樂的情形一如既往。柳毅和錢塘君還結成了知心朋友。

第二天，柳毅告辭回家，洞庭君的夫人又特意設宴於潛景殿為柳毅餞行。夫人唏噓著對柳毅說：「小女受您深恩，可惜還沒有好好報答，就這樣離別了！」又讓龍女向柳毅再拜致謝。夫人又說：「這一分別，不知以後還有相見的日子嗎？」柳毅前番雖然沒有答應錢塘君，可是此刻見到龍女，也頗感到後悔。宴會完畢，柳毅辭別，宮裡所有的人無不難過。贈送給柳毅的奇珍異寶，千奇百怪，叫不出名堂來。柳毅於是又循原來的水路出湖登岸，只見有十多個僕從，挑著滿載珍寶的行囊跟隨在他後面，一直陪送他到家才辭別回去。

柳毅來到揚州珠寶店裡，賣掉他在龍宮所得的寶物，還沒有賣掉百分之一，就已超過百萬。淮西的富家都自以為比不上他。他娶了個姓張的妻子，不久後妻子就死了。又娶了個姓韓的女子，幾個月後她又死了。他於是把家搬到金陵。鰥居單身的柳毅常常因爲沒有妻子而感到寂寞，想再找一個新的配偶。

有個媒人告訴他說有一位姓盧的小姐原籍范陽，父親名叫盧浩，曾做過清流縣縣長，晚年喜歡學道，獨自布襪芒鞋，遨遊雲水，現在不知到哪裡去了。母親鄭氏前年把她嫁給清河張姓，不幸過門不久丈夫就死了。母親可憐她年紀輕又聰明美麗，不忍看她寡居，想選一個有品德的人做她的丈夫。不知道你可願意？」柳毅答應了。由於男女兩家都是富貴之家，婚禮排場，極其豐盛。金陵人士沒有不羨慕的。

婚後一個多月，有一天晚上柳毅進房，細看他的妻子，覺得她的面貌很像龍女，可是嬌媚豐滿，卻又比龍女勝過幾分。於是便和她談起從前傳書的事。妻子回答道：「人世間哪會有這種事情呀？」過了一年多，妻子懷了孕，柳毅更加愛重她。孩子滿月這天，妻子換了衣服，濃妝豔飾，將柳毅喚進內室，妻子含笑對柳毅道：「郎君難道想不起你我未結婚之前的事了嗎？」柳毅糊塗了，他說：「我們兩家過去無親無故，根本不認識啊！」

妻子笑著說：「我是洞庭君的女兒。多蒙您當年搭救了我。我深深感激，立誓要報答您。後來錢塘叔父向您提親，您不答應，以致睽違離別，天各一方。父母想把我嫁給濯錦龍君的小兒子，只是我對你心志難改，於是閉戶不出剪掉頭髮，表明心跡。後來，父母也被我的痴情所感動，準備再次將我的情意讓您知道。但您屢屢娶親，先娶了姓張的，後來又娶了姓韓的。等到張、韓兩氏相繼去世，我的父母才有機會實現報答您恩德的願望。今天能夠侍奉您，彼此在一起相親相愛地過一輩子，我就是死了也沒有遺恨了。」說到這裡，禁不住涕淚交下。

她又對柳毅說道：「起初所以不對您說，是因為知道您不重女色；現在之所以告訴您，是因為知道您愛我。只怕婦人身分地位低微，不足以永遠堅固您對我的愛情，所以想借您喜愛孩子的心情，寄託共同白頭偕老的願望。不知道您的意思怎樣？還記得您當初答應代我傳書信時，曾笑著對我說：『將來回到洞庭，希望不要避不見面。』不知道在那時，您心裡是否已經有我了？後來叔父向您提親，您又堅決不答應。是真的認為不可以呢？還是一時之忿呢？您能對我說嗎？」

柳毅道：「這真好像是命中注定的一樣。我在涇河那個荒涼的地方初次見到了妳，妳的冤屈與憔悴不堪的模樣，確實使我義憤填膺。雖然有愛慕妳之心，但是我克制自己的感情，除了代妳傳達冤苦外，其他的事情就無法考慮了，所以說希望將來不要躲避我，不過是隨口說說，怎麼會真的有什麼想法呢？及至錢塘君強迫我答應婚事的時候，只因情理上說不過去，才引發我的憤怒。我起初是以仗義救人為目的，豈有殺死丈夫而娶他妻子的道理？這是第一個不可。何況我素來以堅持自己的貞操為志向，豈有違背自己的心願而屈服於他人的道理？這是第二個不可。可是到了臨別的那天，看見妳依戀不捨，心裡也非常悔恨。終因人情事理，無法接受妳的感情啊！現在妳是盧家的女兒，又住在人間，就不是原來的龍女身分了，與妳結婚不會違背我的初心。從今以後，我們歡歡樂樂永遠在一起，心裡沒有一絲顧慮了。」

龍女深為感動，哭了起來。過了好一會兒才對柳毅說：「您不要以為不是人類就沒有人心，其實異類也懂知恩圖報的。龍的壽命長達萬年，從現在開始當和您同享，水中陸上，沒有不可以去的地方。絕非虛妄之言。」柳毅感嘆地說：「沒想到能娶龍女這樣美麗的妻子，又獲得成仙得道的機會。」

於是，夫妻倆一同去朝見洞庭君。到了洞庭，賓主間那一番盛大的禮節，難以細表。後來夫妻倆住在南海，前後才四十年，他們的住宅、車馬、飲食和衣物的豪華程度，即使是貴族達官的家庭也不能相比。柳毅的親族也都跟著沾了光。柳毅的年齡雖然一年年增加，容貌狀態卻不見衰老，南海地方的人沒有不感到驚異的。

到了唐玄宗開元（西元七一三－七四一年）年間，唐明皇一心想做神仙，到處訪求有道術的人。柳毅不能安居，就和妻子一同回到洞庭，大約有十多年，無人知道他們的行蹤。到了開元末年，柳毅的表弟薛嘏，在京城附近做縣令，被貶斥到東南方去，路過洞庭湖時，晴空萬里，極目遠望，突然看到一座青山從遠處的波濤中冒出來。船家恐懼異常側身立在船邊，說道：「這裡本來沒有山，恐怕是水怪吧？」山和船就快要碰上了，只見一艘彩船從山那裡飛也似地駛過來，來人問道：「這是薛嘏的船嗎？」只見彩船上有一個人呼喊著：「柳公恭候您呢！」薛嘏忽然想起並明白了。急命船駛到山前，手提衣襟跑上山。

山上有宮殿和人間的一樣，只見柳毅站在宮殿裡，前邊有樂隊，後邊擺滿了珍珠翡翠，陳設的闊氣，遠遠超過了人間。柳毅的言談更玄妙了，容顏也更加年輕。柳毅拉著薛嘏的手感嘆道：「分別才一眨眼的功夫，你的頭髮已經白了。」薛嘏苦笑說：「兄為神仙，我是凡人，這是造化註定的，不可相比啊。」柳毅聽到薛嘏這樣說，便拿出仙藥五十顆饋贈給薛嘏，說道：「服用此藥一顆可增加一年壽命，活到那時你再來我這裡，不要久居人間受苦。」歡宴結束，薛嘏於是告別辭行。從此以後，就再也沒有柳毅的消息了。薛嘏常常將這件事情說給別人聽。四十八年後，薛嘏也不知到哪裡去了。

故事解析

如果上一篇故事是人蟲戀，那麼這則傳說就是人龍戀。科舉不第的仕人是中國傳說裡常見的男主角，科考自南北朝萌芽，隋代創始，唐代建立，此後成為中國取士的重要管道，也是人民得以向上流動的主要途徑。因此仕子在考場上的挫敗，就等於自我認同及人生的挫敗。落榜的柳毅就是在此時遇見了改變他一生的奇遇。傳說無疑在告訴我們，挫折雖然令人痛苦，但它卻可能是鬆綁我們人格面具，開啟新一輪整合的人生契機。

順從意外將帶來人生的轉折

柳毅落榜後返回家鄉，途中遇到一群鳥兒飛起，驚嚇了他的馬匹，馬兒帶他離開了大路，奔了六、七里才停下來。在此處，鳥與馬的象徵頗富意義。鳥因為羽毛而能騰空飛翔，所以歷來都被解讀成陽性的自由心靈，在這裡則是造成意外的主因。鳥的來去對人來說是自由且不可預期的，牠倏地降臨驚擾了原本安穩走在路上的馬匹。馬是重要的交通工具，同時也是陽性心靈的另一個象徵。牠受到鳥群驚嚇而跑離大路，暗示著柳毅的生涯出現了預期之外的轉折。馬的野性象徵著我們原本自由的心靈，而牠在經過多年的馴養後本來已經逐漸被抑制，但鳥群卻重新激發了牠。易言之，柳毅原被科舉考場給社會化的本能因為野鳥的出現而活化，從而使他拒絕走在被社會給安排好的道路上。

柳毅沒有因此責怪馬兒，也沒有被馬兒給甩離馬背，而是順著牠的心意跑了六、七里，來到一個陌生的地方，遇見了正在牧羊的美麗女子。這個順從意外的舉動將為他帶來人生的轉捩點。這女子自稱是龍女，嫁給了涇川龍王的二兒子，但夫婿與婆家卻待她極為不公，使她淪落至此。這便是東方版的《牧鵝少女》。

少女的成長危機

在歐洲童話《牧鵝少女》中，美麗的公主被許配給他國的王子，臨行前，女王送給她一條手帕和一隻會說話的神馬法拉達，母親往自己手上刺了一下，滴下三滴血在手帕上。告訴女兒：「無論如何不要把這條手帕弄丟，它會保護妳的。」但在路上，陪嫁的侍女屢次拒絕服從她的指示，要她自己去裝水，那條手帕說話了：「可憐的公主啊！妳的母親知道後，一定會很傷心的。」公主渴得沒辦法，只好下馬走到河邊取水喝，並不小心把手帕給弄丟在河裡。少了神奇手帕的保護，侍女開始膽大妄為起來，將公主從馬上拽下，調換兩人的身分。到了未婚夫處之後，公主被派了放養鵝群的工作，會說話的神馬法拉達則被殺死。後來牧童發現風會聽從這位牧鵝少女的命令，因此將此事報告給老國王。國王把公主找來想問個清楚，但她卻哭哭啼啼地說不可以，因為她發過誓，不能把祕密告訴別人。國王沒辦法，說道：「那麼妳就去對那個角落裡的舊鐵爐說吧！」於是公主就走到了舊鐵爐前，把她身世的祕密以及如何受到侍女欺負的過程給完完整整說了出來，國王早就爬到煙囪頂上，聽得一清二楚。終於還了公主清白，侍女則受到嚴懲。

從深度心理學的角度來看，公主面臨的是不折不扣的成長危機，因為她既缺乏界線與權威，任由侍女欺凌，又絲毫沒有自保的能力，漫不經心地弄丟了有魔力的手帕。放養鵝群因此使她能重新接近陽性心靈，讓幼稚的自我能茁壯起來。而此傳說裡的龍女則是在牧羊，從故事後頭的解釋我們知道，龍女照養的不是羊，而是一種被稱為「雨工」的生物。雨工，是一種雷電之神。龍女的身分雖然尊貴，但卻未能利用這樣的身分為自己捍衛應有的權益。反任由丈夫聽從姬妾的話欺侮，還被公婆給逐出來。

婚姻中的「角色扮演」

不少婚前頂著職場光環的高學歷女性在婚後為了家庭的緣故而辭去工作，專心照顧子女，輔佐丈夫建立事業，結果丈夫與公婆非但不感激，反覺得這是「應該的」，對妻子的犧牲付出百般挑剔，譏諷她只懂得花丈夫的錢，算不上什麼賢內助，然後轉身就跟公司裡面的女下屬發展婚外情。這類事蹟中的丈夫與公婆固然令人痛恨，但不斷讓渡人生主權的當事人也有需要省思的地方。一味守著「好媳婦」或「好妻子」的完美角色，只會讓我們內在與生活同時陷入更大的衝突。

她們擔憂著經濟無法自立，擔憂他人的眼光。這都反應著她們需要逐步發展內在的阿尼姆斯，也就是自身的陽性心靈，才能在這不公且有害的關係中無懼地為自己發聲。完整比完美重要。高品質的關係只會建立在兩個獨立完整的「個人」身上，戴著特定人格面具生活的一方則稱不上完整，於是關係失衡，使婚姻面臨危機。

柳毅之所以會遇見龍女，是因為他在面臨失意時，願意接受馬匹載他錯走方向。而龍女之所以會遇見柳毅，則是因為她在被公婆逐出之後，回頭牧養了內在的陽性心靈，也就是「雨工」。雷電是權力與意志的象徵，希臘神話裡的宙斯是雷神，北歐神話的雷神索爾則是農業之神，象徵著人類對抗大自然的意志。中國傳說裡，位居三皇五帝之首的伏羲也是雷神後裔。易言之，遭逢婚變的龍女正透過親近內在陽性心靈的方式緩慢修復。龍女似乎早就知道柳毅會路過這裡，她說：「聽說您要回南方，您的家鄉緊接洞庭湖，如果託您帶信回去，不知能不能答應？」這話明擺著他們兩人的相逢是命中注定，也說明我們無法透過意願與阿尼瑪相遇，而是必須等待她的召喚。

自性深藏於潛意識之海

龍在中國是神聖與吉祥的靈獸，中國人相信，龍是湖河海洋的守護者，能成雲致雨，滋潤大地。易言之，牠們居於潛意識中，透過雨水救贖或澆灌意識的心靈。此處的洞庭君因此便是自性的象徵。柳毅問龍女，凡人要如何進入龍宮呢？她回答：「洞庭的南岸有一棵大橘樹，當地人稱它『社橘』。您到那裡後解下腰帶，束上別的東西，拿著腰帶向樹上敲三下，就會有人出來招呼您。」社橘，意指土地神所依附的橘樹，解下腰帶敲三下，就會出現引路神。易言之，進入龍宮必須藉助土地神的幫助，亦即以勞作與肉身為指引，我們方能接觸龍宮內的神靈。

返家後的柳毅照著做之後，果不其然，一位武士出現了，帶領著他一路進到了龍宮。龍宮內擺滿了人間珍寶，奇麗幽深的光景，說也說不盡。傳說用奇珍異寶來形容柳毅見到的自性之美，令人心嚮往之。可是龍王卻一直沒有出來，原來他正和太陽道士討論《火經》。武士告訴柳毅，龍以水展現神通，人則用火來表現威力。水火之間的奧妙不同，故而洞庭君請道士來和他討論。意識屬陽，潛意識屬陰。龍王居於幽深的湖水內，猶如自性深藏於潛意識中。太陽不分地域照亮萬物，猶如自我不知休止的意識功能。柳毅初次到訪，便遇上了太陽道士與洞庭君在龍宮裡交流，這象徵著柳毅的現身正是意識自我與潛意識自性相會後的結果。

龍王，也就是洞庭君不久後現身，看著他問：「這不是凡間來的人嗎？」柳毅一五一十地把原委道出，洞庭君掩面為女兒哭了起來。消息傳進內殿後，眾人也都哭了。洞庭君急忙制止，以免暴躁的弟弟錢塘君知道後發怒，鬧出事端來。但為時已晚，只見一條巨龍騰空而去，不久後就把龍女給帶回來了。巨龍就是錢塘君，他到涇陽大戰了一場，呑掉了負心漢，中間還上告天帝請求恕罪，這才回到洞庭。這一去，殺了六十萬生靈，傷了八百里的農作物。

自性同時存在對立特質

這段描述相當重要，因為錢塘君是洞庭君之弟，兩人皆是龍王。如果龍王象徵自性，那麼錢塘君帶來的災害就可被我們視為自性的黑暗面。自性象徵著完整，完整並非完美之意。而是同時涵攝了黑與白、善與惡、美與醜，及其他兩極對立的事物。一如我們在《故事裡的心理學》中〈愛麗斯夢遊仙境〉及〈湯姆的午夜花園〉裡曾談到的那樣，在這兩個故事裡，自性都是以花園的型式出現的，然而長久耽溺在花園裡卻會帶來惡果。自性的恐怖面同樣可以從《彼得潘》裡的永無島看見，在那裡，殺戮從不罕見。

新舊約中對上帝的描述猶如兩個不一樣的神，這點往往令人困惑。然而若從自性的特徵來看，就不難明白基督教裡的上帝為何不僅是愛與寬容的上帝，也是嚴厲嗜殺的上帝。印度教的最高神祇濕婆也是如此，祂既是創世神，又是毀滅之神。祂們身上無不有著矛盾對立的特質。所有的原型都有這樣的特質，例如母親原型既是慈愛的，又是令人窒息的，而自性亦是矛盾的集合體。

自性接受更高的宇宙法則

然而，在兩位龍王之上的還有天帝，這裡的天帝不同於道教中的玉皇上帝，祂在這則傳說裡並沒有明確的形象，而是一個負責裁決的最高神。這不免讓我們思考，難道自性之上另有更高的事物存在嗎？除了將它設想為宇宙的神聖法則外，我們找不到其他更適合的說法。人從屬於天地自然，自性雖是我們內心神聖的完整自我，但他亦是宇宙的一部分，同樣從屬於天地自然。沒有形象的天帝就是那更高的法則本身。我認為，正因自性明白自己是神聖法則的接受者，因此他才變得神聖。然而自我不同。自我很容易膨脹，認為自己理應凌駕於天地之上，視萬物為芻狗，視自身為法則的制定者。若不這麼想，就無法說明為何有過神祕體驗的人，總是對自然與萬物懷抱著自發的敬畏及謙卑。

真正的宗教是神祕的，是體驗奧祕勝過教義背誦的。易言之，真正的宗教更加重視行為而非言論。這是為何基督才以好撒瑪利亞人為比喻，要猶太人注重善行的實踐，而非拘泥於教義和生活習慣的差異。

先前提過，龍被中國人視為神聖與吉祥的象徵。然而，龍王並不是宇宙的最高主宰，他必須服從天帝所代表的律法。在〈南柯太守傳〉中，槐安國王將淳于棼送回家鄉的原因一方面是他返京後「交遊賓從，威福日盛」，二方面則是有臣子上奏「玄象謫見，國有大恐」。蟻王遂將之軟禁家中。換句話說，天象有異是蟻王對淳于棼態度改變的直接原因。根據天象調整人事的安排間接說明了古人對天人關係的基本觀點。換言之，這仍是萬物皆須服從同個神聖法則的倫理觀念。

這麼一想，錢塘君藉酒意逼婚柳毅的劇情就可以理解了。他用威脅的口氣，希望柳毅能和龍族結為親家。但柳毅卻嚴正拒絕了這門婚事。一來他不希望落人口實，被譏諷說他的善行義舉是別有所圖；二來則是他不願在這種強硬的態度下就範，這傷害了他的自尊心。錢塘龍王只得收斂衣容，向柳毅致歉。兩人歡好如故。

奇蹟來自每個為愛付出的微小行動

龍所象徵的自性雖然尊貴且神聖，但柳毅所代表的自我卻在自性展現黑暗面時嚴正地拒絕了他。柳毅告訴錢塘君，雖然他身軀魁梧，性情強悍，而自己的身體微小，尚不能藏於他的一片麟甲內，但他理直不屈，這才免於臣服在自性的黑暗面中。可以這麼說，正是處在潛意識龍宮的柳毅仍不忘自我，才贏得了重新返回人世的權利。錢塘君提議讓他與龍女兩人成婚。如果說在槐安國故事

■ 約爾丹斯《好心的撒瑪利亞人》（1616年），現藏於阿布達比羅浮宮。

撒瑪利亞人是以色列人的一個旁支，因為和外族通婚，因此被傳統的以色列人所不齒。但基督卻以寓言的方式教導族人放下分別心。《路加福音》這麼記載，有一個律法師起來試探耶穌，說：「夫子，我該做什麼才可以承受永生？」耶穌對他說：「律法上寫的是什麼？你念的是怎樣呢？」他回答說：「你要盡心、盡性、盡力、盡意愛主你的神，又要愛鄰舍如同自己。」耶穌說：「你回答的是。你這樣行，就必得永生。」那人要顯明自己有理，就對耶穌說：「誰是我的鄰舍呢？」耶穌回答說：「有一個人從耶路撒冷下耶利哥去，落在強盜手中。他們剝去他的衣裳，把他打個半死，就丟下他走了。偶然有一個祭司從這條路下來，看見他，就從那邊過去了。又有一個利未人來到這地方，看見他，也照樣從那邊過去了。唯有一個撒瑪利亞人行路來到那裡，看見他，就動了慈心，上前用油和酒倒在他的傷處，包裹好了，扶他騎上自己的牲口，帶到店裡去照應他。第二天拿出二錢銀子來，交給店主說：『你且照應他，此外所費用的，我回來必還你。』你想，這三個人哪一個是落在強盜手中的鄰舍呢？」他說：「是憐憫他的。」耶穌說：「你去照樣行吧。」

裡，螞蟻公主嫁給人類是高攀，那麼在這則傳說中，龍族公主嫁給人類就是低就。這裡我們要迎來異婚故事另一個值得深究的主題。為什麼龍需要屈就自己，與人類結婚呢？

蟲魚鳥獸與人類的婚姻，象徵著人與內在動物性的有益結合。但龍卻是異婚傳說的例外，因為牠們的位階高於人，是神與獸的結合。上面已經提過，龍王是神聖自性的象徵。龍之所以需要與人結合，其意義與洞庭君召來太陽道士討論《火經》一樣，都是為了整合的需要。易言之，不僅人需要神，神也需要人。為什麼呢？不認識神聖，人就無法尋求超越；但若非藉由肉身，神聖就無法展現力量。只有形體擁有力量，處在物質界中的人類，能夠使用創造力與勞力的我們，才是力量的真正擁有者。那些下班後急著去安親班帶小孩回家，忍受著整日的疲憊為孩子張羅晚餐的上班族爸媽們，無不是創造奇蹟的人。奇蹟不是摩西藉著上帝的威能分開了紅海，不是「師父」憑藉灌頂或咒語就能免除病菌侵擾的妄言，奇蹟是每一個辛勞的父母為了愛而持續付出的微小行動，是每個人除了職位的要求之外又為社會整體多付出了一點點。沒有這一些點點滴滴積累出的心意與努力，神聖就毫無意義。

「覺知」自身使渺小的人類變得偉大

龍如果要提升自己，或讓自己的神聖能在現實裡被實踐，牠就要下降到人的位置。因而柳毅對錢塘君說的話就可以這樣理解：「我知道你很偉大，我也知道自己渺小。而我雖然渺小，卻不會輕易屈服在高傲的偉大面前。」這話不由得使我們想到哲學與數學家帕斯卡（Pascal, 1623-1662）的名言，「人是一根蘆葦，但卻是一根會思考的蘆葦。」他的意思是比起廣大的宇宙，人好比河岸上蔓生的蘆葦那樣渺小。然而，人在偉大的宇宙面前卻能認知到自己的渺小，宇宙在人的面前卻不知道自己的偉大。這層對自身處境的「覺知」，就是人的偉大之處。柳毅與錢塘君的對話，也表達了類似的處境。在自性面前，自我是渺小的，但許多現代人卻不自知。他們拒絕承認內心有黑暗，更對黑暗處藏匿著完整自我這樣的觀點嗤之以鼻。

自我為現實力量之源

意識層面的自我總是膨脹，那是「我」，這不是我，那是「我的」，這不是我的。不斷區分你我的結果，就是失去完整，錯失生命的可能性。自我也趨向光亮，他習慣將自己與光明等同起來。這是為何我們很難見到人們認錯，彷彿認錯就會讓自己跌入黑暗，而黑暗就等於道德或能力上的低劣。各種文過飾非，說謊食言都可以在這裡找到原因。而柳毅卻難得地摒除了這個毛病，這說明他已經認清了自我的本質。然而，自我雖然小，卻是我們現實家園的依靠。前面提過，如果神聖要能展現力量，就必須依靠人的肉身來實踐。否則聖靈不用藉著先知的口說話，神明也不須藉乩童的身體來處理事情。這是柳毅為何說「我雖然渺小，卻不會輕易屈服在高傲的偉大面前」，因為自我是力量的工具以及來源。

錢塘君知道自己的錯，如果沒有取得自我的同意，自性再神聖偉大，也不可能對真實世界有絲毫影響。猶如那些無法被催眠的人一樣，他們的例子說明了自我可以否決催眠者的暗示。人際溝通也一樣，除非我們願意被影響，否則我們就不會在這當中改變。而偏激的人，對生命或自然不會有感動，因為他們的自我既固執又封閉，除了死亡逼近自身以外，沒有可以打動他們的生命經驗。傳說裡的龍之所以希望與柳毅結為親家，正是他們意識到了自己的不足。龍女前段婚姻的失敗，正說明了整合不能只在潛意識層面發生，自性必須尋求自我，才會迎來有建設性的整合。我以為，自性本身雖有完整之意，但若沒有自我的參與，自性本身也難以完整。

屈服於自性黑暗面將使個體化失敗

柳毅拒絕了與龍女的婚事後也頗為後悔，這象徵著自我與自性兩極碰觸的失敗。然而，這次失敗卻是有益的，因為此時的柳毅還無法承受這樣的厚禮，至少不能在洞庭湖底（亦即潛意識處）接受。因為整合的完成必須發生在意識處（亦即人間），整合若非有意為之，就等同宣告人沒有自由。整合的動力源於潛意識，但其完成則必須發生於意識層次。人可以接受內在整合的願望，也可以拒絕。正因如此，個體化才是偉大的。這表示人最終可以選擇自己的命運。

如果柳毅就這樣答應了錢塘君的要脅和龍女結婚，那他就可能會在個體化之路上永遠屈服於自性的黑暗面，同時淪為自性的僕從。那些因為靈啟經驗而後誤入歧途的神棍也是如此，為了持續得到靈性的「資源」，也就是因為接觸靈性而開啟的神通力，他們不惜認同自性的黑暗面，從而背離了倫理與責任，膨脹起自我。古人將這樣的過程稱為「走火入魔」。

回鄉後，柳毅接連娶了張、韓兩家的女兒，但她們沒多久就去世了。這則傳說暗示著，這兩位妻子都不是柳毅真正的妻子。他真正的妻子早在那年遇見龍女時就已決定了，只是那時的柳毅還未準備好接受這樁婚事。直到他後來搬了家，娶了一位盧姓人家的女兒，生下孩子後，妻子這才告訴柳毅，揭曉她就是龍女。有別於先前錢塘君的逼婚，龍女此番到來採取了完全不一樣的態度。她剪去頭髮對父母表明心跡，又等著張韓兩人先後去世，才終於尋得機會。她為柳毅生下一子，方才吐露真相，怕的是柳毅不願接受身為異類的她。易言之，龍女離開了洞庭湖來到人世，最終以凡間女子的身分取得了柳毅的信任。

婚姻是對整合動力的有意識承諾

先前提過，不只人需要神，神也需要人，傳說的前半段是柳毅下降到湖底，探訪潛意識裡的自性，後半段則是龍女上升到人世，探訪意識裡的自我。他們當年的相遇已經注定了今日的結局。只是那時柳毅還有功課未完，他必須進入心靈深處，拒絕自性的黑暗面，才能成功地歸返家園。而龍女同樣如此，馴養「雨工」，親近自身的陽性能量是她能夠重新返家（亦即返回洞庭湖）的關鍵。然而，最後的整合對兩人而言都尚未發生，直到其以婚姻為象徵而出現。愛起源於對整合的嚮往，婚姻即是對整合動力的有意識承諾。如此一來，起源於潛意識的愛之願望，才能在意識的認同下展現其意義。這是為何這樁婚姻發生在人間（亦即意識），而非洞庭湖底（亦即潛意識）的原因。婚姻是因為有意識的承諾才展現出力量，這象徵著兩人不僅是由於潛意識的本能或動機才決定結合，更是出於彼此的自由意志。也是因此，世俗的婚姻才能彰顯出愛的神聖。男與女，是兩極對立最突出的象徵，人與龍，更是世俗與神聖的代表物。

當龍女離開洞庭湖底來到金陵，以盧家女身分嫁給柳毅的時候，不僅走向了最後的整合，而且還結出了個體化的果實。他們的孩子以及隨之而來的柳毅的永生，就是整合完成的證明。傳說用新生命來代表新人格的誕生，用永生來代表精神生命的恆存。柳毅的親族們也一起沾了光，他的表弟薛嘏在京城附近做縣令，貶官路過洞庭湖，更得到了柳毅贈送的丹藥。他無疑地象徵著柳毅曾經失去過的人生機會。

完整是一輩子的功課

讓我們回想傳說的開頭，柳毅以落魄書生的身分回鄉，意外遇見龍女後，得到了訪仙成道的機會。薛嘏比起當年落榜的柳毅，是更加風光了。然而，人間的功名利祿不可久恃，即使薛嘏得了官職，中年後也可能失去。他看見表兄柳毅的容貌還跟過去一樣年輕，象徵著他內在的精神生活充盈富足。由此可知人格的成功與否並不是名聲地位可以定義，完整才是我們一輩子的功課。

柳毅因為順從了意外而走入湖底、獲得永生，龍女因為親近內在的陽性而得以返家，人與龍的相遇，在陸地與湖泊的穿梭，傳說反覆地帶領我們跨界，使讀者在兩極的交錯裡被反覆地激起對內在另一面的好奇，男女讀者都能在這篇故事裡看見自己，並得到個體化之路的啟示，這是我相當喜愛這篇傳說的原因。

此外，這則異婚傳說不僅同時指出了人性變得神聖的可能性，同時也指出神聖對於人性的需要性，比起〈南柯太守傳〉中的淳于棼最終必須離開子女，孤身返家的夢境，柳毅的個體化經歷更進了一步。兩相對照之下，後者更暗喻著跨族類皆然的倫理。在下則的〈白蛇傳〉中，這種逐步晉升的靈性階梯會更為彰顯。

她與小青同到杭州，假裝向橋上的許仙借傘，兩人因此相識並定情。

三、白蛇傳（中國民間傳說）

故事大綱

有一名累世修道的禪宗僧侶，精通佛法，但是為人暴躁易怒，故未能修成正果。他在禪院擔任住持時，有位施主名叫呂博，屢屢發心捐獻護持，禪僧說：「未來世，老衲當度君入道。」而後涅槃。呂博於是大作佛事，以報答師恩。呂博返家時，路見有人要殺白蛇，即買下白蛇，將蛇放生。

白蛇修煉成精，跟蹤呂博好幾年，卻找不到機會可以報答呂博。她發現呂博取了一部分禪僧的舍利子放在香囊，早晚燒香供奉，白蛇好奇將舍利子吃了，得到了千年道行，而呂博卻病死。白蛇竊取了禪僧的道行，而因此虧欠了禪僧。

白蛇查出呂博轉世為許仙，於是化身為女性。某日，當她走在蘇堤的映波橋時，看到某個乞丐手中拿一青蛇，要挖蛇膽賣錢，於是買下青蛇。那青蛇亦是妖精，因故淪落到乞丐手上。青蛇與白蛇結義為姊妹，稱白蛇為姊姊，並擔任白蛇的婢女，是為「小青」。

十八年後的清明節，白蛇思凡下山，化身為白娘子，打算報答許仙。她與小青同到杭州，假裝向橋上的許仙借傘，兩人因此相識並定情。兩人不久後成親，遷往鎮江經營藥店。

禪僧轉世為法海和尚，繼續在鎮江的金山寺修道，法力高強。他路遇前世的愛徒許仙，見到其臉上皆是妖氣，得知白娘子和小青乃蛇妖所變成，故數次破壞許仙與白娘子的關係。許仙聽信法海之言，於端午節之際用雄黃酒灌醉白娘子，使之現出原形。許仙看到白娘子化成白色巨蟒後，也被驚嚇而死。白娘子為救自己摯愛的夫君，冒生命危險去峨嵋山上盜神草，救活了許仙。

因為許仙對白娘子感情太深，法海無法伏魔，於是將他軟禁在鎮江金山寺內，逼許仙出家，不許他們夫婦團聚。白娘子為了救回許仙，和小青一道跟法海鬥法，她引西湖之水，水淹金山寺，溺斃生靈無數；但因為身懷六甲，法力不足，亦無法打敗法海。許仙趁機逃回杭州，在斷橋邊與白娘子相會，白娘子也生下孩子，當是時，許仙夢見一蛟龍飛過仕林苑，故將此子取名許仕林，字夢蛟。

法海將白娘子收服在缽中，鎮於雷峰塔下，拆散了許仙與白娘子，小青得以逃脫。白娘子在缽中哀號不已：「大和尚赦我，我有小兒，無人養育。」法海指著塔前鐵樹說：「此鐵樹開花，汝即解脫。」但是這鐵樹已經五百年未曾開花了。白娘子臨別時交代小青嫁給許仙，照顧許仙與兒子，大多數版本中，小青沒有子女；有些版本中，小青也與許仙生了一子，名曰許儒林，字夢龍，小夢蛟兩歲，與夢蛟同科進士。

二十年過後，許夢蛟高中狀元，衣錦還鄉。小青帶他去塔前探母，他跪倒在地，將皇帝御賜的「簪花」官帽掛在鐵樹之上，無意中映證了鐵樹開花的預言，於是雷峰塔破裂，白娘子也得以釋放，與許仙、小青、夢蛟一家四口團聚。法海也於此時圓寂，臨終前，見到觀音菩薩前來接引，終於了卻前世因果，往生淨土。

故事解析

〈白蛇傳〉有多個版本，互有出入，這裡介紹的是從維基百科裡所節出最普為流行的鎮江版傳說。

在這則傳說裡，最明顯的特色就是白蛇為了報恩而與人類許仙成婚，其次，則是男女主角橫跨前世今生的複雜關聯。〈白蛇傳〉是中國的四大民間傳說之一，它的內容同樣有著異婚故事的鮮明特色：亦即動物只要遵行共通的倫理原則，一樣可以修煉成人，甚至成仙。這是古人宇宙觀天人一體的向外延伸，萬物眾生的位階雖然不同，但卻擁有與人類共通的靈性與進化的權利。

用心理學的觀點來看，白蛇之所以謀求與人親近結合，其最大的推動力就是愛，而其目的則是為了整合。而這分愛的追求主要肇因於呂博（許仙的前世）的愛，白娘子的獻身則是對愛的回應。呂博救下白蛇，其跨物種的無私之愛種下了這段傳說的因，而白娘子以情愛回應博愛，則結下了日後邁向整合的果。

法海的前世為一高僧，只因脾氣易怒，遲遲未能修成正果，便發下誓願，下輩子要渡呂博入道，從而介入了他倆的婚姻。有意思的是，白蛇之所以能幻化成人的主因竟是法海的功勞。他前世的舍利子誤被白蛇吞服，這才功力大進，從而能夠完成報恩的目的。因此法海、呂博與白娘子這三人的恩怨，可以被我們視為貫串傳說的主軸。他們應當被視為人們內在的某種人格或經歷，而不只是某個具體的人。

象徵陰性面的白娘子及象徵陽性面的法海

傳說中的人物與情節往往是一種象徵，他們是人類內心某種元素的投影，藉由故事的形式向外傳遞潛意識裡不為人知的歷程。在一代代的口傳中，故事的內容被講述者有意無意地精煉、修改，最終成為能引起我們高度共鳴的形式。白娘子與法海兩人分別是許仙的陰性面與陽性面，而這則傳說所要談的，正是作為主角的呂博與許仙如何在漫長的轉世過程裡完成了陰陽兩極的接觸，最終走向完整。法海自詡光明，因而對人蛇婚感到厭惡。易言之，他以不通情理的「理性」拒絕了人自身的動物性，並對自身陰性面（亦即白娘子）所代表的情緒、藝術鑑賞力、細微感知、同情、體貼與慈愛等意涵加以否定。不分古今，所有的觀眾都會同情白蛇的處境，即使傳說明確指出人蛇婚的不合常理。

蛇是個象徵意義極為豐富的動物。牠既暗喻著人類渴望的復活，又是神話裡的敵人。牠的纏繞令人窒息，牠的毒液使人喪命，在傳說裡常用來指稱女性令人又懼又愛的吸引力。牠也是亦水亦陸的動物，能恣意穿越意識與潛意識，讓人摸不著頭緒。蛇藏身於黑暗，是帶來死亡的惡魔，也是神祕學裡用以指稱整合路徑的象徵。煉金術中常用 Ouroboros 這條宇宙之蛇來代表原始的心靈統一（psychic unity）。牠咬住了自己的尾巴，表現出所有發展過程中充滿活力而又極富動態的對立性。

當呂博解救了白蛇時，他就釋放了內在的那條蛇，那個原本自給自足的心靈統一體。此刻，牠不再滿足於作為一個自然原始的存在物，而是想要進化，想要得到人身，想要以愛來回報愛，想要成為一個帶有更深覺知的人。這是自我與其陰性面的首次接觸。

分別心使陽性面僵化

呂博的救蛇之舉難道是無意義的嗎？從救了白蛇的那刻起，他就不再只是被動的受援者，等著禪僧師父的渡化。他真正地成為一位能夠施恩利他的高尚君子，易言之，他已能付出他成熟的愛。而這便是作為許仙阿尼瑪的白蛇能夠進化成人的心理學原因，此點我們後面會再討論。從這個角度言，他勝過了法海。法海的易怒與盲目還不是最窒礙他成道之路的限制，他的分別心才是。傳說裡頭說，因為呂博屢屢發心捐獻護持，才使法海的前世在死前立下誓願，要渡他入道。難道渡人入道的優先順序是根據捐獻的頻率與多寡嗎？執著於有人可「渡」，執著於非「我」不能渡人的法海，顯然地並不明白個體化的真諦。在極深處，人人都是平等的。因此既沒有可渡的眾生，也沒有渡人的菩薩。

這是為何法海象徵著僵化的陽性心靈。因為他雖然以悟道為志，卻仍守著數字的信條與分類的需要。凡能計算的都合理，不能計算的都不合理。人蛇不同類，故

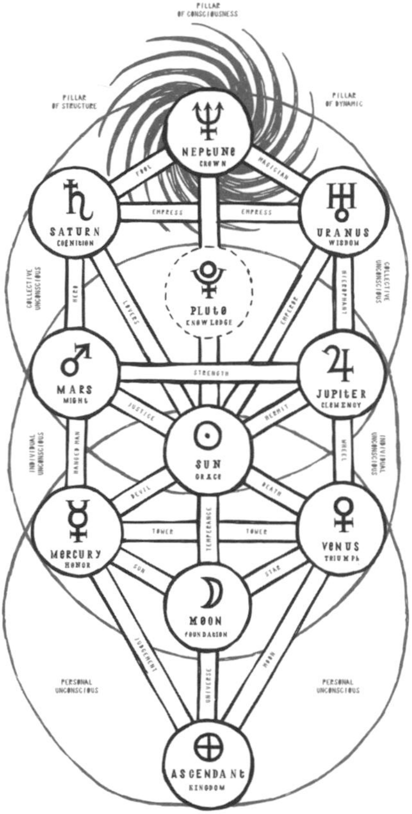

卡巴拉是西洋神祕學的源流之一，該派的信仰者相信，人的靈魂從生命樹的頂端（亦即上帝的居所）沿著劍所指的方向一路經過多個質點（圖中的圓點）而來到人世，也就是最下方的質點。如果想回到頂端，就得效法蛇之路徑蜿蜒往上。用深度心理學的觀點看，該路徑指的就是打破生命樹的分野與藩籬，走向整合的意思。

而不能相親。這種對於分類、計算的需要，正是意識自我與陽性心靈的特徵。這樣的表現並不是錯的，但人不能只滿足於這樣的表現。法海與白蛇因為呂博而相遇，可以說，如何面對自身相異極的白娘子正是他完成修行之路的考驗。

蛇所帶來的訊息

那麼，白蛇又象徵了什麼呢？對中國人而言，白是五正色之一，對應五行中的金，位居西方，時間是黃昏，對應的季節是秋天，有著沉降、肅殺、收斂的意義。白色在日本與歐洲雖然都有純潔的意思，是新娘的禮服顏色；但在中國則反之，白色表示哀悼，是喪服的顏色。換句話說，白蛇是帶來死亡訊息的蛇。帶來誰的死亡訊息？從其作為陰性心靈的象徵來看，帶來的是法海的死亡訊息。因此對後者而言，白蛇當然是必須除之而後快的妖孽，因為牠危及了自己的存在基礎。

有趣的是，這條帶著死亡訊息的白蛇卻在日後成為許仙的摯愛。深愛著白蛇的許仙暗示著，每個人都有向潛意識回歸的願望。雖然那是死亡之地，卻也同樣是棲身續命之地。在自我不斷脫離潛意識而成長的過程中，潛意識中的母親原型卻不斷地向我們招手要求回歸，要我們在那裡放鬆及休憩。在自我逐漸因成熟而老化、僵固的同時，透過向潛意識的回歸，自我得以更新、重整。這是為何英雄的真正偉業從來不是屠龍，而是能與惡龍和平共處。作為新生的自我（也就是轉世後的許仙），他需要更多地從陰性心靈處，從潛意識處汲取能量使自己壯大，以便完成再生的任務。

境隨心轉，外境即為內心世界的具象

回到故事來談，白蛇因為好奇呑了禪僧的舍利子後，道行大為精進，易言之，原先已處於萌發狀態的潛意識，在受到陽性心靈的刺激之後進一步分化，從蛇身轉變為人身，陰性心靈不僅因此得到更大的可動性，同時也取得了與自我（亦即許仙）溝通的基礎，法海因此有恩於白蛇。但這也種下法海日後必須強硬分開白蛇與許仙的遠因。法海與白蛇兩人間的矛盾關係，正說明了陰性與陽性心靈之間的彼此需要及相互對立。傳說裡呈現的，乃是太極圖中黑白相生的意象。

象徵著老舊自我的呂博轉世為許仙後，白蛇與他相識相戀，並成功地與許仙結為連理。易言之，作為新生的自我，許仙取得了認識內在陰性心靈的能力。在他的上一世，也就是仍居於呂博身分的他，其眼中的陰性心靈或者阿尼瑪，不過是一條白蛇。從蛇轉變為人，象徵著陰性心靈的進化。白蛇之所以能吸引許仙注意，並非她的法力大有進展，從心理學的角度來看，實則由於許仙的人格成熟了。上一世的他救助過白蛇，以其愛的能力證明自己的人格擺脫了幼稚。自我的成熟與阿尼瑪的形象息息相關，這點我們在狐仙傳說裡已經討論很多，此處就先按下不表。世界是內心的延伸，如果能帶著愛的眼光，那麼無處不是愛，無人不能愛；如若反之，則無處是愛，無人可愛。

橋上借傘：兩極的分離與相遇

他們兩人相識的時間是清明節，那是祭拜先人的重要日子，亦是中國的四大節日之一。《歲時百問》說：「萬物生長此時，皆清潔而明淨，故謂之清明。」清明是二十四節氣之一，日子位於春分點後，此時開始，氣溫升高，有利於出外活動，因而不僅是祭祖，年輕男女也常選擇此時出外郊遊。清明多雨，白娘子以借傘名義結識許仙，傘雖然與「散」同音而讓人忌諱，但從「傘」的字形即可知道，它有多子多孫的喻意。傘用來遮陽避雨，又可使人聯想為躲避毒害，保持清淨，因此在皇室的儀仗及佛教中都有重要地位。除此之外，傘在情侶之間則有兩人風雨同舟，共謀幸福的意涵在內。在另一則傳說中則提及，傘是魯班之妻雲氏所發明，它的形制外圓內方，通常用六至八根支架做成傘骨，可以撐開、收納，可說相當巧妙。魯班之妻就曾這樣告訴丈夫：「你設計的亭宇雖然可以避雨，但人卻只能待在該處無法移動。我設計的工具（即雨傘）不僅能避雨，還能讓人想去哪裡就去哪裡。」

由此看來，傘在中國人的心靈中是女性之物，它是由女性發明，而且除了擁有屋宇遮蔽保護的功能外，還賦予人自由移動的可能。同樣是避雨，魯班設計的亭宇明確地畫分了地域，以限制來提供保護；雲氏卻更進一步，將亭宇縮小為可以手持移動的器具，保護卻不約束，不得不說陰性心靈的巧慧更甚陽性心靈一籌。

在《夢的解析》中，佛洛伊德不意外地將傘視為陰莖，撐開的傘則是勃起。但從上文可知，中國文化史中的傘卻有著保護、遮蔽、繁衍眾多的意思。象徵的意義因文化脈絡而不同，此又一例。綜上所述，借傘連結了原本分離的許仙與白蛇，而橋則連繫了分開的兩岸，暗喻著對立兩極的解方。男與女、人與妖、傘與橋，在這萬物萌發生長的清明節，兩人的再次相逢象徵著進化後的陰性心靈與新生自我的相遇，這是自我與陰性心靈的第二次接觸。此情此景之所以能成為許多人心中最美的一幅畫，正是因為聽者在故事裡領受的乃是所有人類的古老經驗，這樣的情景蘊含著我們對整合分裂與消弭孤獨的永久嚮往。他們結合後生下一子，名為許仕林，字夢蛟。

蛟是人神轉化之間的橋樑

「蛟龍」二字雖然在習慣中常常連用，但蛟這樣的神話生物其實位在龍的下階。蛟經過多年的修行之後可以轉化晉升成龍。龍在中國是高貴吉祥的象徵，龍捲風可能是龍在自然界的原型，因此被視為天地之間的橋梁。考古學也發現，以龍捲風形式的祭器被製成天圓地方的形制，高度不等，似乎暗示著人類期待它成為協助溝通上天的管道。而蛟則介於人與龍之間，也是一個過渡，一道人成為龍之前的橋梁。有意思的是，夢也是意識與潛意識的橋梁，是連結自我與內在的通道。「夢蛟」兩個字，充分說明了許仙與白蛇之子是內外及陰陽兩極交會融合後的產物。這麼說來，異婚非但不是應該排拒害怕的異象，反而是靈魂得到進化的證明。鳥獸藉著修行幻化成人，人同樣可以藉著努力碰觸神聖。眾生的階級與差異並非鐵板一塊，而是在萬物有靈的前提下，得以逐漸爬升進舉的階梯。

易言之，傳說既肯定了眾生高低有別，又支持著物我本性皆一。這種雙重肯定的做法，正是古人看待世界的方式。如果讀者不明白當中的高明之處，或許可以拿它來和當代的社會科學做比較。現代文明是建立在差異之上的，他們區分進步與退步、科學與迷信、高尚與低劣，而這一切又被拿來跟歐洲與亞洲做了不當的連結，從而開啟了一連串的殖民、歧視與掠奪。兩次大戰之後，後現代思想應運而生，他們反省現代學派的錯誤，認為一切平等，強調多元真實，目的是要打倒現代文明過度強調西方中心論的看法。但仔細思之，難道民主與專制兩者的價值是平等的嗎？綁小腳與兩性平權是同價值的嗎？這樣的觀點根本禁不起檢視，因為不同的價值觀之間確實存在著高低優劣的差異，這不是裝瞎做聾就可以解決的。

萬物皆有靈性，差別在於深度之多寡，然而在異婚傳說裡我們見到的卻是第三條路徑，也就是根本價值相等，但內在價值不等的觀點。而造成後者差異的原因則在於深度。這樣的觀點一方面肯定著進化與學習，另一方面則肯定著多元的平等。物與我都是平等的，這點體現於對生命的尊重上，同時也體現在對萬物皆有靈性的肯定上。然而，眾生雖然有一樣的靈性基礎，但在個體化之路上卻有深度的不同。愈進化的物種具有較大的深度，反之，則較不具有深度。這且不說，我們只消觀看自己身邊的人們就可以明白。同樣是人，有些人顯然更具覺知，在完整這條路上更深入探究，有些人則否，他們被層層的投射所束縛，不論學歷地位多高，這類人總是只看得見自己想看見的事物，而法海之弊就在這裡。內在的深度決定了我們清明的程度。

過度認同陽性的心靈，無法接近愛

為了「報答」許仙，法海讓他帶回雄黃酒，白娘子誤食之後現出了原形，這把許仙驚嚇致死。所有的關係都禁不起現形，愛只存在於光明與黑暗的交會處，天底下的所有戀人都應以此段劇情為戒。法海象徵著僵化的陽性心靈，他只想將一切放在陽光下曝晒，這是自我之所以死去的原因。象徵著陰性心靈的白娘子在此顯露出她的重生魔力，取回了峨嵋山上的神草。我們知道，陰性心靈孕育著生命，而復活也是蛇的象徵之一。在近東神話《吉爾伽美什》裡，主角吉爾伽美什奮力游向大海深處（又一個陰性心靈的象徵）取回的回春草，竟然在返回城邦（也就是意識自我）前因為在河邊沐浴淨身的關係，被蛇給偷吃了。沐浴淨身，就是陽性心靈企圖搞懂一切的另個神話版本，他們的目的就是希望一切清楚明白。偏偏愛不是能夠完全清楚明白的東西。

心理學的課本會說，愛是承諾、友情與激情三個元素的綜合，雖然這種探索愛的方法可以提供參照，但就了解愛的目的而言卻永遠不會成功。愛只能接近，卻不能擁有；只能默認領會，卻不能明白。任何問「你為什麼愛我？」的人不是已經失去了愛，就是即將失去愛。因為他們以為愛可以被分析拆解，殊不知愛已是全部，已在自身中完整。難道有父母只愛孩子胖胖的小腿嗎？或者戀人只愛對方的眼睛？他們所愛的是全部。愛在關係中發生，因此成熟的人不會問「你為什麼愛我？」而是自問「我能不能愛你？」

無法整合的人，便只能隨順命運

當白娘子取回神草，拯救許仙的那一刻起，法海就應該放手了。他對許仙的恩情已報，再繼續為難兩人下去的後果就是作惡。惡有時肇因於陽性心靈的侵逼，這裡又是一例。在日本神話中，男神伊邪那岐與女神伊邪那美奉命製作國土，任務告一段落後，伊邪那岐才發現妹妹伊邪那美竟然是個美麗的女人，他們兩人約定好繞柱而行，碰面的那一刻就行房事。兩人碰面後，伊邪那美先開口：「真是個好男子。」沒想到伊邪那岐卻對女人先說話感到不快。後來兩人生下的孩子遲遲不會走路，天神告訴他們，這是由於女人先開口的緣故。但從心理學的角度來看，倒不如說這是伊邪那岐的觀念使孩子承接了父親內心陰影投射的後果。孩子的不良於行，正是他的人格受到陰影所汙染造成的。伊邪那岐為妹妹先開口而不快，法海為未能除掉白蛇而不快，都象徵著人內在的陽性凌駕了自身的陰性面，其結果就是分裂，這才引起了水淹金山寺的劇情。

法海與白娘子終於走向決裂，這時的許仙卻在劇情的安排中顯得很懦弱。就像每個心靈面臨分裂的現代人一樣，他們的自我似乎是人生舞臺上的觀眾而非主角。無法整合的人只是隨順命運，卻不能擁有命運。即使外表看起來很成功，卻也只是受內在的驅迫而行動，他們的成就因此是「不得不」的，當中並沒有主動的意味。如此說來，作為新生的人格，許仙尚未取得糅合兩極的能耐。白娘子水淹金山寺，作為對法海扣留丈夫的報復，許多生靈因此遭殃，這種下了白娘子必須在雷峰塔下關囚二十年的禍根。

失控的白娘子與盛怒的父母親

陰性心靈向來以汪洋大海為象徵，當取得人形的白娘子，其整合的企圖（以婚姻為象徵）受到阻撓後，她退化成為帶著死亡威脅的大母神，回到了「蛇」的位置。那是將自身視為容器，將心靈中的一切創造（在現實生活中，則常常是孩子）都視為個人財產的原始態度。孩子既是她個人所生育出的孩子，同時也是餵養自己的肥料，可以任憑這位黑暗的母親奪去生命、自由與可能性。傳說中的每個人物都是我們內心的居民，白娘子水淹金山寺，就是我們潛意識陰性面將眾生視為個人財產的退化表現，因此無情地奪走了許多人的性命。

在心理諮商的過程中也很容易見到盛怒中的父母有這樣的態度轉換，一方面我們希望孩子成長，但一方面卻覺得他應該永遠聽從自己的話（否則他就是不孝！），這樣的念頭就是陰性心靈的黑暗面在我們內心暫時取得了勝利的結果。我們想要摧毀他，並宣告對孩子的主權，不信任感牢牢地抓住了我們的心，以致於忘記孩子最終是他自己人生的導演。這樣的拉扯時常上演，因此每位盛怒的父母親內心都有個失控的白娘子吧？

雷峰塔的象徵

所有膨脹的東西都會消退，退化成黑暗母親的白娘子也是如此，法海趁她分娩後體力不支，將白娘子鎮壓在雷峰塔下。陽性心靈取得了最終的勝利，法海還不無嘲弄地告訴白蛇，若想離開，除非鐵樹開花，而後面的劇情我們已很熟悉了。許仙與白蛇的兒子高中狀元，將御賜的簪花放在鐵樹上，無意間應證了這個預言。白蛇脫塔而出，重獲自由，一家終得團聚。而法海則在離世前見到觀音大士前來接引，了卻了前世因果。

塔是人造物，對應著陽性心靈與意識，取名「雷峰」，更強調了它的權力象徵。在希臘神話《丘比德與賽姬》中，女主角賽姬自知冥府之行有去無回，正欲在高塔上尋死，高塔竟然出聲相救，象徵著陽性心靈對新生陰性心靈的接納，也象徵著代表陰性心靈的賽姬必須親近內在的陽性面才能獲得解方。中國神話〈哪吒〉中，也有燃燈道人贈授李靖玲瓏寶塔，讓他能夠收服兒子哪吒的橋段。若非寶塔的收攝，剛得到蓮花真身的哪吒還不知道會因為報復心闖出多少禍來。雷峰塔恰如其名，以其高聳與權威對應著法海的褊狹態度。

鐵樹開花：超越功能的現身

鐵樹象徵著法海靈性修持上的障蔽。從象徵的角度看，「鐵」是陽剛之物，「樹」則是人個體化歷程的表現，鐵樹無法開花，正說明法海整合路上的失靈。同時也再度指出僵化的陽性心靈在宇宙觀上的錯誤，亦即人蛇不同種，因此不能通婚；金屬與植物不同類，所以鐵樹不能開花。這樣的說法不能說錯，猶如死去的人不會復生，愛情無法替代麵包，現實永遠是有效的。然而，我們的生命態度如果只能緊緊地貼著現實又會發生什麼事呢？

那是一個「我」與「他」的世界，一個每件事情都有位置，每個人都可以被另一個「他」所替代的世界。因而這樣的世界中的「我」也是可以被替代的。每個人都將在這樣的世界中失去獨特。那是一個孤獨的世界，一個「人」變成了「疏離原子」的世界。那裡沒有緣分，沒有巧合，只有規律，還有不受歡迎的意外。然而，卻是在這樣的肯定無疑之中，榮格所說的「超越功能」現了身。它是一種在兩極長久對抗的困局之下，由潛意識提供的嶄新處方。作為解決之道，自性不再以陰性心靈的汪洋企圖摧毀世界，淹沒生靈，一如憤怒的白娘子那樣；也不是以陽性心靈的高聳與威權來恫嚇，宰制看不見的內在，一如自負的法海。

彈指花開，頓悟只在一瞬之間

許仕林，亦即夢蛟，他在龍的人間化身（也就是皇帝）的肯定之下考取狀元，成為了人中之龍。他頂上的簪花就是這條蛇成為人，人成為蛟，而後蛟化為龍，終於得以溝通天地，完成個體化的漫漫長路上的最後證明。

他並不知道這則預言，就算知道，也不能推論許夢蛟明白這樣可行，但簪花卻替他實踐了預言。這就是超越功能的玄妙之處。當事人無法預知，只能等待。它歷經三世，從呂博到許仙，從許仙到許夢蛟。當事人可以企盼，卻不一定能得到保證。面對內在的撕扯，面對愛與恨，還有那些不屬於我們個人身上的集體與過往，救贖降臨的那一刻是如此簡單尋常，只是脫下頂戴，花開。

那一刻，白娘子罪愆已滿，掙脫了雷峰塔，一家團聚。

固執的法海不再堅持。為什麼？因為預言以其不可預期的方式被完成了。除了因緣，我們實在無法再置一詞，那一刻正是法海開悟的時刻。歷經三代的因果愛恨，竟在輕輕的一舉手間被解開，還有什麼比這更戲劇性的時刻？鐵係無機物，花則反之。然而鐵樹是有機物，簪花則反之。鐵樹上的簪花，巧妙地將無機物與有機物融為一體，這樣強烈的融合與對比不僅解放了白娘子，也解放了法海。正如以小大及長短之比體驗到蟻國一生的淳于棼，法海膨脹的自我意識倏地消滅，洞悉了萬古心靈。臨終前，他見到觀音菩薩前來接引。後者是陰性心靈的神聖象徵，祂的現前，意味著法海終於和陰性心靈取得和解，他明白除了自己以外，不再有可渡之人。除了自己的心，也沒有可悟之道。了卻因果的他終於往生淨土。

異類的結合、跨越，陽性心靈與陰性心靈的和解，乃至開悟，都在這則傳說裡融為一體。

薛昆生看著十娘，內心十分歡喜，卻默默不語。因此蛙神請他先回去，告訴他馬上就會安排婚事，送十娘前往。

四、蛙神

（中國．《聊齋誌異》）

故事大綱

在長江漢水之間，民間對青蛙神的供奉非常虔誠。祠堂裡的青蛙不知有幾百萬隻，大的可以像蒸籠那樣。只要有人冒犯蛙神，家裡就會有異常現象，例如青蛙在家具間遊蕩，或爬上牆壁卻不會摔下來，每次狀態不一樣。只要宰殺牲畜向蛙神供奉禱告，就有機會免災。

湖北有個叫薛昆生的人，自幼就聰明俊美，六、七歲時，有位身穿青衣的老婦人來訪，自稱是蛙神派來的使者，說要將女兒嫁給他。他父親不太願意，便推辭說兒子還小。但即使如此，薛家也不敢幫兒子找媳婦。

幾年後，薛昆生漸漸長大，和姜家訂了親。蛙神告訴姜家說：「薛昆生是我的女婿，你怎麼敢答應？」姜家很害怕，就把聘禮給退了。薛昆生的父親就帶著供品到廟裡禱告，說自己不敢和神明訂婚，但酒菜立即浮出了大蛆，顯然蛙神並不答應。

一天，薛昆生在路上走著，一名使者向他傳達了蛙神的旨意，苦苦要求他去一趟，薛昆生不得已，只好跟著前往。他走進一幢華美的房子，一位老者坐在堂上，薛昆生向前行禮。不一會兒，僕從們都跑出來看他，亂哄哄地站滿了大堂的兩側。老者轉頭叫人通報，不久後一位女郎被領了出來，大約十六、七歲，容貌豔麗無雙。老者指著女郎對薛昆生說：「這是我家十娘，和你天生一對，但卻被你父親用異類為由給拒絕。婚姻是百年大事，父母只能作主一半，不知你意下如何？」薛昆生看著十娘，內心十分歡喜，卻默默不語。因此蛙神請他先回去，告訴他馬上就會安排婚事，送十娘前往。薛昆生說了聲：「好。」

薛昆生急忙回去告訴父親，父親要他回去謝絕婚事，薛昆生不肯，父子僵持不下時，送親隊伍已經抵達了。十娘走進來後，拜見公婆，薛家兩老見到媳婦都非常喜歡，當晚就舉行了婚禮，夫妻倆感情很好。

從此後，十娘的父母常常光臨，只要穿紅衣來就有喜事，穿白衣來就有錢財。因此薛家一天天地興旺起來。

自從與蛙神結親以來，薛家的門口、大堂、籬笆、廁所無處不是青蛙，沒有人敢叫罵踩踏。唯獨昆生少年任性，生氣時就用腳亂踩，毫不愛惜，十娘雖然溫順，卻也會生氣，但昆生卻不因為這樣而收斂。有次十娘言語上冒犯了昆生，昆生發怒道：「不要因為仗恃妳父親就無禮，難道男子漢大丈夫還怕青蛙嗎？」十娘很忌諱

「蛙」這個字，也惱火起來：「我進你家門後，替你家增了許多田產和買賣，現在貓頭鷹長出翅膀了，就要啄母鷹的眼睛嗎？」薛昆生更加氣憤：「我正嫌妳家的東西汙穢，不願傳給子孫繼承呢！不如妳早點離開吧！」於是就把十娘給趕走。

等到薛家兩老知道後，十娘已經走了，兩人把昆生罵了一頓，要他趕緊把媳婦追回來，但昆生不肯。晚上，母子兩人都生了病，薛昆生的父親趕緊去青蛙祠請罪，言詞很懇切，過了三天，母子的病就好了，十娘也自己回家，夫妻和好如初。

十娘每天打扮得漂漂亮亮卻不做家事，薛昆生的衣服鞋襪都是由他母親自己動手。有一天，母親忿忿地說：「兒子已經娶媳婦了，還要累死我這個老太婆，人家是媳婦伺候婆婆，我們家是婆婆伺候媳婦。」這話被十娘聽見了，氣得說：「我早上服侍您吃飯，晚上侍候您睡覺，禮數還有哪裡不夠呢？缺的就是不會自己幹活，省下給傭人的錢，自討苦吃罷了。」昆生的母親無言以對，一個人流淚，薛昆生知道後，生氣地斥責十娘，十娘也據理力爭，互不相讓。薛昆生說：「娶了妻子不能讓父母高興，還不如沒有！就算是觸犯老青蛙發火，了不起就是一死罷了！」又將十娘趕出家門，十娘也大怒離去。

隔天，薛宅失了火，火勢蔓延了好幾間房子，家具都化為灰燼。薛昆生大怒，來到青蛙祠數落蛙神：「生女兒不能侍奉公婆，反而袒護她！神應該公正處事，哪有叫人畏懼媳婦的道理？況且我們兩人吵架，跟我父母何干？就算有懲罰，也應該加在我身上。現在換我把你家燒了，算是對你的報復！」說完就在殿下生火，鄰里鄉人都趕來哀求，薛昆生這才住手，忿忿地回去了。

當晚，蛙神托夢給村民，要村民為他女婿修建房屋。天亮後，村民們備足材料，聚集工匠，一起來為薛家蓋新屋。薛家怎麼也攔不住，每天都有數百人來志願幫忙，沒過幾天，薛家的住宅就都煥然一新了。才剛落成，十娘就來了，她向公婆謝罪，又向丈夫展露笑顏，全家轉怒為喜。此後兩年，夫妻從沒吵架過。

十娘最怕蛇。有一次薛昆生開她玩笑，將蛇放在盒子騙她打開，十娘一看，臉色大變，痛罵丈夫。薛昆生也惱羞成怒，兩人惡語相對。十娘說：「這次不用你趕，我們就此一刀兩斷。」說完後，就出門走了。薛昆生的父親又怕又怒，拿起棍子打昆生，向蛙神謝罪，幸好蛙神沒有降禍，但也沒有其他動靜。

一年多後，薛昆生想念起十娘，非常懊悔，偷偷到蛙祠哀求十娘回來，但是沒有回音。後來聽說蛙神已將十娘許配給袁家，昆生心裡失望，於是也向其他人家求親，但怎樣都不滿意。聽說袁家已經開始粉刷牆壁，打掃庭院，等待新娘到來，薛昆生慚愧氣憤，很快就病倒了。父母憂心忡忡，不知如何是好。

薛昆生在昏迷之中感到有人在撫摸自己，還對他說：「大丈夫每次都說想和我分手，怎麼又搞成這樣子？」他睜眼一看，原來是十娘。薛昆生高興極了，一躍而起，問她從哪邊來？十娘說：「要是以你這個輕薄的態度，我早就該聽父母親的話嫁給其他人了，今晚本要去袁家成親，但父母親沒有臉退回聘禮，於是我自己將聘禮還給了袁家。臨出門時，父親跑出來送我，罵著我說：『傻丫頭！不聽我的話，以後再被欺負，就是死也不准妳回來了！』」薛昆生聽完後流下了眼淚，薛母一聽到消息，不等十娘拜見，就奔到兒子房裡，拉著十娘的手痛哭。

從此後，薛昆生就老成持重起來，不再惡作劇和胡鬧，夫妻兩人感情更加深厚。十娘說：「我一向覺得你輕薄，未必能和你白頭到老，所以不想生孩子，現在是生孩子的時候了。」不久後，蛙神夫婦又穿著紅袍來到薛家，第二天，十娘就生下兩個男孩。此後兩家常常往來，居民有冒犯蛙神的，就先來向薛昆生說情，薛昆生會讓他們家的女性進屋朝拜十娘，如果十娘笑了，就可以免除災禍。薛家的後代繁衍昌盛，人們都叫他們「薛蛙子家」。但只有住得遠的人才敢這麼稱呼，附近的人並不敢叫。

故事解析

〈蛙神〉是異婚傳說的最後一則，同時也是我覺得最可親可愛的異婚故事。長江漢水一代，對蛙神的祭祀非常昌盛，易言之，在當地人的心裡，青蛙雖是異類，卻可成神，甚至能消災解厄，保佑住民。這同樣是前幾篇故事中所隱含的萬物既平等又有等差的世界觀的再現，同時也存在著界線與跨越界線的可能性。

青蛙是童話裡常見的配角，牠與蟾蜍長得很像，只是在習性上前者更喜歡水，後者則偏愛陸。青蛙的一生如螞蟻一樣，會歷經「完全變態」的生物歷程，從只有尾巴的蝌蚪，到分別長出後腳、前腳以及肺部為止，才慢慢能脱離水裡的生活。如果説螞蟻是從地底下走向地面，那麼青蛙就是從水裡走向陸地，牠們同樣具備著跨界者的身分。薛昆生的奇遇就是一場跨界的旅程。

成長無法由他人代勞

薛昆生自幼長得聰明俊美，因此蛙神希望他能成為自己的女婿。易言之，他的幸運是天生的，這和前面幾則傳説裡的主角有很大的不同。他們的前半生都有好些經歷，才得以在後半生，乃至下一世迎來奇遇。然而，我們很快就會發現，薛昆生雖然有幸得到蛙神的厚愛，但卻不能免除個體化之路的責任。關於成熟這件事，連神明都無法代勞。

禮物有時也會帶來禍害。不論薛父是不是因為異類不通婚的理由拒絕了蛙神的提議，但作為一位有經歷的中年人，他確實敏察到這樁人蛙婚的不尋常。當昆生長大後，蛙神先是警告姜家不准和他搶女婿，而後又拒絕了薛父的獻祭，使他的供品浮出大蛆，最後更直接派遣使者強邀薛昆生走訪一趟蛙神的洞府。當他看見那位叫做十娘的少女蛙妻長得豔麗無雙後，心中非常歡喜，但只是默默不語，表示同意。

青蛙為意識及潛意識中的嚮導

十娘的美麗讓昆生和他的父母都一掃陰霾，可見人們對於異類之所以感到排斥，主要還是因為外表的緣故吧？如果十娘長得跟青蛙一樣，薛家想必很頭大。但蛙神一家都以人形出現，消弭了薛家的疑慮。此後，十娘的父母親每次來訪都會帶來禮物，穿紅衣代表喜事，白衣則代表財運，無不靈驗。先前提過，青蛙是童話中常見的動物，牠的水陸兩面性讓牠在深度心理學中代表著潛意識的訊息。然而青蛙在這則傳說裡不僅是使者與嚮導，同時更是神明。易言之，牠就是自性本身，而蛙神的嫁女就有著自性謀求與自我結合的象徵意味。

我們在〈柳毅〉裡曾經提過，不僅人需要神，神也需要人。用心理學的話來說，自性也需要自我才可能表現出完整。而很有意思的是，在這篇故事裡，蛙神卻同時有著矛盾的樣貌，一是較人類低下的爬蟲類，另一則是神靈。祭拜湖底的神龍並不意外，一如〈柳毅〉裡那樣，但人在什麼時候會去膜拜低於自己的物種呢？這點是本傳說最值得思考的地方。

自我實現並非天性，而是個人的選擇

青蛙一直以其生殖力為人們所重視，易言之，人們欽羡的是牠生養眾多的特質。但傳說裡談的顯然不僅如此，因為蛙神可以降災，可以賜福，牠代表的不僅只有母性的生殖力。這樣的神靈竟然是不起眼的青蛙，這充分顯示出自性本身的矛盾特色。自性代表著完整，完整並非完美，因此自性並非我們的光明面，而是同時有著光明與黑暗的超越性存在。一如我們心中深沉的那些情感與回憶，無不是帶著二元對立的矛盾色彩。在潛意識裡，沒有純粹的存在，有的只是混雜了彼此，失去了界線的東西。

在一開始，蛙神表達了想與薛府結為親家的意願時，薛昆生的父親感到很為難。因為意識的自我嚮往明確，但蛙神，亦即自性，卻如上述所言是個複雜的存在，神明的提議因此遭到婉拒。一如怎麼也想不起來的夢境，那些內容為何總是很難被回憶起來呢？其實它並非消失，可能是遭我們的意識所遺忘。因為意識嚮往著邏輯和明確，例如有規律可循的九九乘法表，若不遵照著這樣的「邏輯」，夢境送來再多的訊息，意識往往也不予採納。那些不願接納的指令或觀點，最簡單的處理方法就是遺忘。想想學生忘記交作業或忘了今天要考試，這當中就有這樣的意味存在。

因此，若不取得自我（亦即薛父）的首肯，自性（亦即蛙神）傳遞再多的訊息也只是徒勞。薛父一再拒絕了蛙神謀求結合的好意就是此因。人不是神的附屬，即便在內在真我的請求下，人仍然擁有拒絕的權利。因此心理學家羅洛梅才說，自我實現從來不是自動的，而是選擇的。人可以選擇實現，也可以選擇墮落。自由本身意味著人是悲劇性的存在，因為人永遠可以選擇為惡。但也因為這樣的悲劇性，人成為了高貴的存在，因為人還有選擇為善的機會。而其可貴之處正在於這並不是出於我們的天性，而是出於我們的選擇。

從前門拒絕的，會從後門溜進來

就好比排斥靈性經驗的某些現代人那樣，他們深信自己是一團物質，而所謂的

「自我」不過是一連串的生化反應。令人痛惜的是，他們會對這種將人貶成生物人的傾向感到沾沾自喜。如果有神聖，那也絕不是青蛙的樣子。換句話說，他們認為陰暗處不可能產生光明。他們的鄰里鄉民視青蛙為神明，薛父卻視神明為青蛙，如此說來，蛙神會找上他們結為親家，不正是命運的巧妙安排嗎？那些從前門拒絕的，都會從後門溜進來找我們。

薛昆生自幼聰明俊美，用心理學的話來說，就是昆生擁有更重視人格面具的本錢。外貌與智商雖然是令人羨慕的東西，但從個體化的觀點來看，卻也容易成為遮蔽智慧的阻礙。意識總是本能地趨向光明，將自我與道德、美好、傑出及其他受社會肯定的一切給連繫起來。這就使那些醜陋、軟弱、消極等遭世俗否定的那一面被遺落，從而成為了陰影的內容。榮格認為，潛意識的主要功能是補償。個體化的目標是成為完整的人，但自我卻因為不明白而可能走錯路。這解釋了為何蛙神選擇薛昆生，原因不是別的，正是薛家父子偏離了完整，自性不得不出手干預的緣故。因此聯姻的邀請，就是整合與轉身的開始。

意識與潛意識的矛盾與衝突

薛父不願接受蛙神的提議，改跟姜姓人家訂親，結果受到蛙神的阻撓。用心理學的角度來看，就是意識因為拒絕潛意識，使得自我功能逐漸失靈的意思。佛洛伊德假設，潛意識與意識一直處於矛盾之中。潛意識的願望受到意識的反對與壓抑，因此深深地埋藏起來。說錯話、表錯情，乃至意外的發生都是因為兩者目標有所衝突所造成的。一個持續忽視內在聲音的人，會慢慢發現自我這具引擎出錯的頻率開始升高，但執迷不悟的自我卻會將原因歸咎給外界，忽略了自己也是共謀者之一。我們的心境招引來外境，外境又回頭影響我們的心境，孰因孰果，怎麼也說不清。

最後蛙神一家以人身現形，安撫了重視人格面具的薛家，這才使雙方能安心結為親家，但考驗才剛開始而已。

果不其然，當薛昆生與十娘成親後，家裡到處都是青蛙。薛昆生仗恃年輕，並不特別愛惜，生氣的時候就用腳把青蛙踩死。易言之，昆生並不重視這群潛意識的使者，輕賤內在神聖想要溝通的企圖與管道。試思之，十娘亦是青蛙，昆生初見面就心生歡喜，但薛家其他的大小青蛙卻成為他輕賤的對象。回到異婚故事的主旨，這說明了薛昆生還停留在以貌取人的層次，認定那些低於人類的物種，其小小生命根本上就沒有需要被珍愛的價值。十娘因此和他爭吵起來，未料薛昆生就這樣將妻子趕走了，還告訴她自己不屑那些蛙神帶來的財富，亦即對自性的禮物嗤之以鼻。薛父親自前往蛙神祠謝罪，這才讓媳婦回心轉意，兩人和好如初。

難解的婆媳問題

夫妻第二次爭吵是為了婆媳問題。婆婆抱怨自己還得為已經成家的兒子縫製衣服鞋子，十娘很不滿意，認為這種事情只要花錢請傭人來做就可以了，何必事事親力親為呢？這番話說錯也不算錯，婆婆只能無言以對，但聽在丈夫耳裡卻很不是滋味，又將十娘給趕出家門。孰料這次十娘一走，家裡就遭逢火劫，燒去了許多屋舍與家具。薛昆生氣極了，來到青蛙祠數落了自己的丈人，指責他家教不嚴，還一意護短。他作勢生火打算一報還一報，幸被鄰人哀求勸阻，他才住手。

這是一個標準千金大小姐婚後不適應家務的劇情。就媳婦看來，想喝牛奶不必自己養牛，可以花錢請人代勞。然而就婆婆來看，為丈夫縫製衣物是媳婦的基本責任，這部分不能省略偷懶。薛昆生站在母親那邊，厲聲指責了十娘。這點實在不對。但若說丈夫擺明站在妻子那方，或在婆媳爭論時袖手旁觀，遵奉兩人的問題由兩人自己解決這樣的信條，這也同樣錯誤。

我建議不妨將問題部分攬在自己身上，例如告訴母親，妻子會這樣做，是由於事先有取得他同意的緣故，他也認同可將家務事請傭人代勞，只是不知道最後這件事又由母親給接手。只要事後再跟雙方分別溝通取得折衷就好。父母疼愛子女，畢竟不會長久放在心上。關係問題複雜萬端，不是像法官那樣，站在任一方就可以輕易解決爭端的。會那麼快地就要區分是非對錯，正說明他對人際與內在的模糊地帶仍沒有應對的能力。

倫理還是名分？

薛昆生氣憤地要燒蛙神廟也出於同個原因，他認定所謂的倫理與界線是不可逾越的，當中不僅沒有商量的餘地，也不會因為你是神明而能有例外。媳婦必須遵從公婆，父母應該教好子女。事實上，這不是倫理，而是「名分」。媳婦與公婆之間且不必說，有經驗的老師與父母都知道，孩子常常只是他自己，他的性格並不全因爸媽的教導。每個人都有自己的靈魂，要誰因為名分的關係去聽從誰，那是怎麼樣也做不到的。只有人格可以教導另一個人格，如果要贏取對方的尊敬與跟隨，只能從自身的修養做起。

有智慧的心靈懂得倫理的深義，而狹隘的人只看得見倫理的表層，將名分看得比內涵來得重要。過分重視名分的家庭，往往是界線封閉的家庭，這樣的家庭很少有享樂的氣氛，成員也會有意地否認和忽視自己的身心感受，對外人的關心嗤之以鼻。他們一方面可能真的無法辨別自己的情緒，另一方面也會死守著家庭裡的有害規條，他們習慣保守家中的祕密，傾向自己處理問題。要進入這樣的家庭中難度是很高的，他們往往不處理也不表達感受（或者用糟糕的方式來處理或表達感受），從而將應對情緒經驗的模式一代又一代地在家庭裡傳遞下去。

蛙神的憤怒

直到這裡為止，男主角還在做著他「擅長」的事。昆生的聰明、俊美、對倫理名分的重視，至今只強化了他對人格面具的依賴，還未曾引領他轉身，向內探求他不知道、不擅長的劣勢功能與陰影。這段與青蛙新娘的婚姻，因而也可被想成是與自身陰影的整合。但可惜的是，前兩次的爭吵，薛昆生不僅聲明他對蛙神帶來的財富豪無興趣，恥於傳家，還堅決地緊踩名分，要蛙神低頭。用心理學的話來說，就是雖然自性謀求與自我整合，但自我卻僅在極小的限度內接納了對方，要求自性必須服從意識與現實的準則。

然而，蛙神畢竟理虧，因為他確實將夫妻問題遷怒給整個薛家。因此只能半夜托夢給信徒，讓他們幫忙女婿重建家園。蛙神的遷怒意味著潛意識內容試圖侵入意識之中。有限度地允許潛意識內容進入意識可以促進人格的發展，因為潛意識主要是創造性的。但由於自我的獨斷，一再地否認潛意識的補償訊息，因此後者才以大火燒去薛家的房舍作為大廈即將傾毀的預兆。房屋在心理學裡象徵著我們的身體、家園，以及整個人格，在著名的房樹人測驗中，心理師會邀請當事人依序畫下房、樹，以及一個人（不能是卡通人物或單調的火柴人）並以此原則去理解當事人的內在。那些沒畫上窗戶的房子，或是忘了畫把手的大門都有特定的意義。有些人會在屋頂加上煙囪，有些煙囪冒著煙，有些則否，從深度心理學的角度來看，都很令人玩味。

薛家房舍遭火舌吞噬，象徵人格遭到吞沒與毀棄。而昆生對蛙神的反擊就是意識對夜晚夢境的否認和拒斥。猶如那些拒絕承認中年危機是生活態度所造成的人一樣，他們會改以更病態的方式追求權力、財富以及年輕異性，來使自己相信老化及死亡不會降臨在自己身上。此外，我們的生活態度不僅會表現在行為上、儲存於回憶裡，它同時也會存在於我們的身體中。當其失衡時，就透過身體來和我們溝通。常見的暈眩、便祕、高血壓、心悸或疲憊感等身體症狀，它們都和夢境一樣總會暗示人們有特定的生命議題需要反省和整理。

我們是不是背負了過多的責任？控制欲太高？太嚴肅、過於壓抑、憤怒、羞恥或恐懼？薛宅遭焚因此也可象徵著生命本身不斷以生理上的病痛，提醒我們必須停止一切會傷害自我的思考習慣和處事方式。從此觀點來說，尋求藥物及合格的醫療只是治癒的第一步，理解症狀的意義做出改變以謀求自我治癒則是下一步。易言之，薛宅遭焚因此既可視為蛙神作祟，也可視為潛意識的反撲，同時再度說明了自性有其黑暗面，而成長正如我們在〈馬皮蠶女〉的故事裡提過的那樣，它總是帶著暴力的性質。

與內在女神分手

昆生本來怒不可遏，但在鄉人的勸說下，放棄了報復的決定，象徵著「自我」的讓步，與此同時，象徵著自性的蛙神也讓步了。雙方達成了小幅度的和解。蛙神對鄉人的托夢與對重建的請求，便是自性重新調集心理資源，重建人格與自我認同的結果。意識與潛意識因為這次的激烈衝突與和解帶來了更深一層的整合，十娘再次回到薛家，她的性情比起以往更加和順，夫妻重修舊好，兩年內夫妻不再有過爭吵，但也一直沒有生育。若從青蛙驚人的生殖力來看，是怎麼也難以理解的。女媧是中國神話裡的創世女神，今人考證時多認為「媧」就是「蛙」，祂因此被視為中國的大母神，其生育與生產能力特別受到前人的重視和推崇。女蛙神十娘與大母神女媧因此有著千絲萬縷的連繫。她一直未懷上孩子這點足可說明，神與人、意識與潛意識或者自我與自性之間，仍存在著根本的矛盾未解。

果不其然，昆生沒有改掉性情浮躁的毛病。他知道十娘怕蛇，竟跟她開了個帶有惡意的玩笑。昆生將蛇放在盒內，騙十娘打開，十娘臉色大變，罵起丈夫，但薛昆生卻因此惱羞成怒，反唇相譏。十娘再也忍不住，對著昆生說：「這次不用你趕，我們就此一刀兩斷。」此後再無訊息。

昆者，眾也。昆蟲一詞連稱，指的就是眾多的蟲子。昆生一名暗示著他與蟲子，亦即內在動物性的心理連繫。青蛙也被歸為蟲類，作為蛙神之女的十娘，也就是蟲女，這個作為女神的蟲女不正是他所厭棄否認的自己嗎？《說文解字》認為「十者，數之具也」，也就是完整的意思。十娘一名指的就是完整的女性。當昆生嚇走了十娘時，他便同時切斷了自己的本源，也與內在的完整女性（或者稱為內在女神更為合適）分手了。人若切斷了與內在男女神的連繫，無疑地將會給自己的生活帶來致命的打擊。他們會被自己原先褊狹的世界觀壓垮，然後變得沉重而憂鬱，而昆生就面臨了類似的處境。

玩笑包藏的惡意

玩笑本是人際關係間的潤滑劑，但有些玩笑卻帶著致命的惡意，這是萬萬不能允許的。那些有著年幼手足的孩子就常常走在這條危險的繩索上，他們年紀太小，分不清玩笑與欺侮之間的分別。在這類行為中，很容易觀察到當中帶著手足競爭的權力欲望。對他們來說，弟妹是搶走父母歡心與奪去父母關注時間的敵手，因此玩笑既是他們摸索手足互動，也是他們表達不滿的方式。但這些玩笑往往有致命的危險，例如刻意壓碰他們尚未闔上的囟門，在弟妹試著扶站的時候刻意推他們一把等等。不論是責罵還是說理，這些三到五歲的兄姊們總是似懂非懂地，並不特別理會。

在青少年之間則更常見到以「玩笑」當作施行正義的手段，透過若有似無地排擠、輕微地捉弄和各種合縱連橫的手段來對那些有人際問題的同儕施加「懲戒」。這些行為在當前的教育場域裡會以極為謹慎的方式來定義是否屬於霸凌，但對當事人學生來說，他們之所以這麼做純粹是對那些令人討厭的同學的一種抗議。學生的辯白雖然不假，但他們往往不會覺知到隱藏其後的惡意。事實上，正義與惡行常常只有一線之隔。所以對那些高舉正義大旗，貶低敵對陣營人格的政治人物與活動，我們務必心存警惕。

在北歐神話裡，惡作劇之神洛基（Loki）就以愛開致命的玩笑出名。他將沒有威脅性的小槲寄生變大，削成一支鋒利的長矛交給了黑暗之神霍德爾（Hodur），慫恿他將長矛丟向他的兄弟，亦即光明之神巴爾德爾（Baldr）。由於世上的每個物品都對天后芙麗嘉（Frigga）發過誓，絕不傷害光明之神巴爾德爾，唯獨這株位在神殿門口的小斛寄生例外。巴爾德爾沒有防備，被槲寄生變成的長矛一槍刺死。霍德爾因此成了殺死手足的凶手。薛昆生的惡意同樣躲藏在這個致命的玩笑背後。

青蛙之所以怕蛇，是因為蛇會以青蛙為食，在鄉下，許多人在田邊釣青蛙的時候都會意外地將蛇給釣起來。而蛇在文化上是很複雜的動物，牠既是人類的敵人、邪神的化身、小偷，又是復活與醫療的象徵。我們如果把這段描寫跟《舊約》故事作比較，就會得到有趣的結果。在《舊約聖經》中，蛇是誘惑者，牠先誘惑亞當吃下知識之樹的果實，遭到拒絕後，又轉向誘惑夏娃。這則記載奠定了西方文化的蛇形象。易言之，西方神話裡的蛇是個帶有敵意的物種，牠挑撥了人與神的信任關係，同時也毀壞了亞當與夏娃之間的原有默契。

然而在〈蛙神〉傳說中，蛇不過是薛昆生完成嚇人目的的手段。牠雖然帶有死亡訊息，但卻是被動的。薛昆生才是惡意的源頭，他的玩笑不僅僅是玩笑，更是對十娘的恫嚇。從此觀點言，薛昆生就是蛇本身，他的玩笑不僅揭露了自己對十娘的敵意，同時也揭露了幼稚自我的死期。薛昆生對十娘的愛一直都是表淺的，他愛的是十娘的美貌，所以容不下家裡其他的青蛙，他同時也愛十娘的溫順，所以十娘收斂自己個性的那兩年，夫妻關係不再有爭吵。十娘的讓步沒有讓昆生學會內省。所有的樂園都有蛇，所有的快樂都有終局。盒子象徵著我們的內心，十娘打開盒子後，發現裡面有一條蛇，說明了她的丈夫始終對她的青蛙身分懷有芥蒂，在昆生眼裡，十娘永遠是個異類。

真正的厄運，是日復一日的空虛

開頭曾經提過，在先前分析過的異婚傳說裡，主角都是具人生歷練的成年人，唯獨薛昆生不然。因此在前述的傳說裡，異婚奇遇為他們的生命直接帶來了有意義的轉變。但到現在為止，異婚為薛昆生帶來的主要是紛擾（雖然也有財富）。對幼稚的人格來說，再好的禮物與建言對他來說都是毒藥。

十娘離開了，這次什麼也沒發生，無災也無禍。昆生心中後悔，偷偷求十娘回來卻沒有回音。不久後聽說她已改嫁袁家，薛昆生也跟著找其他人家結婚，但怎麼樣都達不到他的要求。袁家迎娶十娘的日期愈來愈近，他難過地病倒。

薛昆生終於面臨了厄運。這個厄運雖並不如其他故事那樣有張力，他的厄運只是被拋棄，無風無雨地繼續過他原先的日子，但這難道不是最真實的人生寫照嗎？我們都以為厄運臨頭會是一個戲劇性的時刻，雷聲大作，萬物哀鳴，大海為之乾枯。事實上什麼也不會發生，唯一發生的是尋常日子的一再重複，我們只感到惱人的事物離開了我們，卻說不出為何對它依戀不捨。好比每個考完大學的考生那樣，痛苦的高三生活結束了，但心裡也跟著失去了什麼東西，而世界依舊運轉，並不為這個「應該」驚天動地的時刻多所停留。或者終於辦妥離婚手續的那一天，除了對當時下不了決心的自己感到有些可笑之外，僅剩下一絲厭惡感。抬頭一望，還是那個清亮的藍天，還是熙熙攘攘的人群。每個人都在忙著自己的事，原來自己的煩惱對世界而言一直都無足輕重。有多少愛就有多少恨，有多少恨就有多少愛，人性就是這麼矛盾的存在。

昆生的痛苦不是別的，正是空虛。這是對漠視內心聲音之人的最大懲罰。任何權力、財富與對象都澆熄不了這種渴，我稱之為「靈性的渴」。靈性不是別的，它就是對自我的真正回歸，這個自我不是我們腦中認定以為的那個「我」，而是夜深人靜，午夜夢迴時的清晰之聲。那聲音只有願意聆聽它的人才聽得見。這是為何詩人王維說「晚年唯好靜，萬事不關心」，因為只有外境的靜，才能讓聲音浮現；萬事不再掛心，才能關切內在的靈魂。我們都有整合的需要，卻在不正確的教導下走錯了路。昆生驅走了蛙神的女兒，扼殺被他視為異類的內心想謀求整合的願望，但重回舊有生活模式的昆生卻徒留痛苦，因為異婚所代表的完整之道自此喪失，薛昆生原先引以為傲的自我只剩淺薄的軀殼。

婚姻是雙方一同走向圓滿的功課

十娘既是異類，也是神靈；既是阿尼瑪，也是妻子。她是同時具有三種面貌的女神：青蛙、神明與年輕女性。如此豐富的象徵同時在她身上具現，這就是為何薛昆生無法在其他女子身上找到安慰。與那些拋下糟糠妻，迎向其他女子的男人不同，薛昆生此時已然醒覺，他所要的滿足不可能在外邊，唯有那個他曾經視為異類的蛙妻，才是他最初且最後的伴侶。成長是自己的責任，不是父母的，也不是配偶的。作為阿尼瑪，十娘是他失落的自我，亦是他重回完整的關鍵。她既是昆生內心的動物也是神靈，這既獸且神的矛盾形象遲遲無法被昆生所整合，其實這源於男人對女性的貧乏想像。在這類男人眼裡，女人只能是聖潔的母親與妻子（亦即神靈面），或者下賤的娼妓（亦即動物面）。然而女性可以同時是兩者，因為人本就是矛盾且複雜的綜合體。當昆生排拒了十娘的動物面向時，他也拋棄了自己內心的神靈。捨棄黑暗者，必丟失光明；盲從光明者，也必置身黑暗。除非他能明白此點，否則就將永遠失去整合的機會。這是由昆生的角度說的。

若從十娘的角度來看呢？我們在未臻成熟的時候遇上了另一半，這並不是詛咒，而是功課。什麼功課？在關係中一起走向圓滿的功課。如果有幸一起走向個體化，那是我們的幸運；如果沒有，說什麼另一半都拒絕再成長。那麼就讓自己勇敢上路，在那路上我們會遇見同伴，遇見另一分愛。十娘所做的正是這樣的選擇。

我之所以孜孜不倦地以故事分析為名不停寫作，目的也是一樣。我想讓每個孤身上路的同道知道，你們並不孤單。

成熟比長大更使父母感到安慰

薛昆生昏迷了，當他知道自己將永遠喪失整合的機會時，他的澆薄性格與孤陋自我倏地垮臺，再也無法支撐自立。恍惚間，他感覺有人撫摸自己。睜眼一看，竟然是十娘！原來她親自退還了袁家的聘禮，昆生驚喜之餘深自悔悟，從此變得更為老成。

昆生的昏迷在深度心理學中稱為「退行」，那是舊自我認同瓦解，新的自我尚未誕生前的混亂階段。許多孩子在進入新學校或轉到新班級時都曾經歷過，新的老師與同學，以及新的環境與課業要求，都會使人必須重新定位自己。昆生的膚淺表現在對妻子的態度上，他的自我認同建立在不穩的沙地上，他既未曾努力開創過，也未曾用心經營自己的人生。易言之，他從來不是個英雄。他只是幸運，長得俊美而且聰明，然後不勞而獲地得到神明的青睞。

十娘離開後的這段時間，他才真正明白自己錯失了什麼。簡單地比較這次與前兩次的爭吵，可以發現幾個簡單的事實：首先，是昆生偷偷跑去青蛙祠裡懇求，不再是由老爸爸出面；其次，當他聽到十娘已經改許給袁家後慚愧氣憤，一病不起，但這次他的病倒並非蛙神降禍，而是無法原諒自己。換句話說，他已清楚地意識到他必須為整件事扛起全責。過去那個任性幼稚的自己，再也不能引領他向前走去。而他知道自己錯失了最為重要的事物，注定他將擁有第二次機會。

他陷入深深的退行，恍惚間，十娘回來了。作為潛意識的補償，她再次現身，修復薛昆生已不合時宜的自我，這便是退行所帶來的有益結果。所謂的成熟就是「覺」。孩子長大並不令父母安慰，真正令人安慰的是孩子變得成熟，亦即他明白自己的責任，明白自己的能力和侷限，同時也明白自己可以透過努力改善不足，增進有餘。如果不帶著這分「明白」，任憑歲數怎麼加添，都只是變老的孩子而已。

內疚帶來修復

曾經，昆生就是那條蛇，他想吃掉化身為十娘的青蛙，而蛙同時又是昆生內在能夠給予生命的那一面。蛇與蛙一死一生，在埃及的赫爾莫波利斯創世神話裡，創造世界的四對蛙神與蛇神，就分別象徵著「肯定」與「否定」這一組兩相對立的形象。生與死、創生與奪取便是人內在永不休止的動力。在中國神話裡，女媧造人與女媧補天的傳說無不強調了青蛙作為撫育及保護的母性面向。因此昆生嚇走十娘的那一刻，他內在柔軟撫育保護的那一面就離去了，剩下的是空虛否定及消極面的自我，也就是蛇，這也是他之所以生病的原因。

但他的內疚卻拯救了他。他偷偷前去蛙神廟祈求原諒，因為他明白自己錯了。他所恨的對象（亦即象徵著青蛙與創生力的十娘）在這一刻變成他所愛的，這正是內疚，也是修復的起源。我愛上了那先前所恨的事物，這才給我一個理由去與之和解。正因我與恨意和解，我才與自己和解，這世界是內心的延伸。他慚愧地臥床不起的時候，愛的意識才終於發生。他的憂鬱因此成了孤獨的解藥，將他原先分裂的生死愛恨整合成一體。帶來死亡訊息的蛇有負於帶來生命訊息的蛙。人生的矛盾莫此為甚，我們最終原諒了自己的敵人，明白愛恨皆源於自身。於是十娘悄然而返，昆生終於成為一位穩重的男人。夫妻兩人的和解就是蛇與蛙的和解，易言之，是死與生、恨與愛的和解。而昆生的母親不等十娘拜見，就親向媳婦謝罪，婆媳問題所象徵的名分也此刻讓位給倫理，表示從此家庭成員之間恢復了健康的界線。

從「大丈夫」到「好丈夫」

與兩人初次見面時不同，這一回十娘不是以未婚妻的美麗形象現身的，而是以一個療癒者的身分。她告訴昆生這陣子的經歷，取笑他大丈夫三番兩次想趕她走，怎麼這回自己就病倒了呢？作為薛昆生的人格面具，「大丈夫」一詞及其所連結的各種意象自此從他的內心裡消亡了。

在妻子面前，男人不是大丈夫，而是「丈夫」。丈者，屏障之謂也。意思是責任、倚靠。雖然是責任跟倚靠，但兩人仍然是平等的。大對應著小，自謂大丈夫的人，往往會迫使另一方當「小」女人。這樣的關係模式對某些人來說或許可以很舒服，但致遠恐泥，在個體化之路上，還是不要區分大小才好。

結局說，十娘後來生下兩個男孩，薛氏家族因此在當地繁盛起來。可以這麼理解這段話，亦即昆生被十娘療癒了，從一位「大丈夫」變成了「好丈夫」。他的整合之路至此順利啟動，從故事裡看來，被療癒後帶來的老成不僅是當個男子漢，更是當個體貼溫柔的另一半。他們生了兩個兒子，這是人格已然成熟的證明。蛙神夫妻也恢復了來薛家走動的習慣。易言之，薛昆生開始能夠更順利地與自性保持接觸。

從青蛙到女神，異婚傳說裡的靈性階梯最有意思的，是十娘的角色。她成為了神靈與鄉人之間的調解者。也就是說，她成為了當地的女神。只要得到她的首肯，那麼災禍就可以免除。易言之，個體化不僅嘉惠了當事人及薛氏家族，更同時嘉惠了整個地方百姓。作為天人之間的媒介，十娘的存在肯定了異婚的價值以及眾生在不同位階的流動性。這樣的流動性深深地鑲嵌在中國人的文化心靈裡。從青蛙到人類，從人類到女神，不斷上升的靈性階梯令人回頭聯想到白蛇傳的故事：蛇成人，人又先後成為蛟與龍。異婚傳說反覆提及此點，絕非偶然。

在國人很熟悉的《西遊記》中，孫悟空搗亂龍宮與冥府，兩方都分別上奏天庭，玉帝本欲捉拿，但太白金星卻建議招安，授予官職，「一則不動眾勞師，二則收仙有道也。」一向人間「收仙」表明了象徵著神聖秩序的「天庭」並非一塊鐵板，而是能持續地接納有道妖精與人類的有機體。這是中國傳說的特色，天庭可以容納妖怪，青蛙可以被奉為神明。蛙神故事貼切地傳達出古人的世界觀，告訴人們，萬物並不只是我們的供養，同時也是使人類邁向完整的憑藉。牠們雖然是食物或資源，但也是引人走向完整的神靈。

結語

異婚傳説描述了個體化的奇妙經歷，我們都嚮往完整，但卻不屑於那些存在於陰暗處的東西，例如螞蟻、白蛇或者青蛙。愛與完整都只發生在光明與陰影的交會處，所有單以光明為目標，或者僅以黑暗為認同的人都無法達致。人生來或有不平等，但個體化路上的責任卻是平等的。淳于棼如此，薛昆生也是如此。所有的幸運都伴隨試煉，所有的天賦都伴隨考驗。

父祖留下的資源並不足恃，個體化必須憑藉自身的努力才能達致。白娘子憑藉修行得到人身，最終使她的兒子化成蛟龍；法海雖為高僧，亦須放下我執方能證悟。從深度心理學的角度來看，我們的心靈裡沒有多餘的元素，因此異類所代表的面向與特質不僅不是可割可棄的剩餘，反而是我們重獲完整的關鍵。這是為何異婚傳說將異類與人類都鑲嵌在同一個倫理內，不論是神龍，還是螻蟻；不論是白蛇，還是僧侶。萬物平等，眾生皆具靈性。我們有同樣的機會走在同樣的階梯上進化、發展，持續成為一個更好的存在，可以嘉惠自身與旁人，益於社群周遭的存在。

肆：冥戀

「鬼」是人類內在的陰影投射

人鬼戀是傳說故事中最引人注目的主題。我們先從甲骨文來看，根據國內的甲骨文專家陳穎青的研究，鬼的字形可以分成三組：第一組是用來指稱商帝國的敵人「鬼方」，原因可能是他們作戰時習慣戴上可怕的面具來嚇人；第二組是人頂著面具跪坐的造形，跪坐的形象在甲骨文中主要是用來代表祭祀或飲宴；第三組的鬼加了「示」字邊，明顯是指祭祀鬼魂。而在卜辭裡，鬼字除了用來指「鬼方」這個部落以及某個人的名字外，通常用在做噩夢。易言之，鬼字是負面的，是戴面具的可怕敵人，是害人的靈魂、噩夢中的鬼等等。

《說文解字》則說「人所歸為鬼。從人，像鬼頭。鬼陰氣賊害。」第一句裡的「歸」，是人死的意思，這個字同時暗示著死亡其實是一種對起點的返還。回到原初狀態的人就是鬼。而「從人，像鬼頭」則意味著它是半人半鬼，或半熟悉、半陌生的存在，因而該字雖由「人」組成，卻有著一個「鬼」的頭。而「鬼陰氣賊害」很明顯地在告訴我們，鬼屬陰，是被意識所恐懼和排斥的那一面，而它對人有害。

人死後所處的地域與生活情狀是不明確的、是未知的，因此也是焦慮之源。而鬼的存在既保證了生命可以延續（只是變換形式返回了起點），從而舒緩了死亡焦慮，同時又是一個與我們截然相異的狀態。因此鬼很特殊地既是「焦慮」本身，也是焦慮的「舒緩物」。而這一切又跟鬼「既是」人所變，但「又不是」活人這件事交織在一起。這種同時夾雜了肯定與否定的狀態，恰恰說明了鬼的心理學特質。

鬼是我們既熟悉又陌生的另一面，更精確地講，是曾經屬於我們，但卻落入黑暗與未知的另一面。這一切不是陰影又是什麼？

因此冥戀傳說所象徵的，相當程度上就是人與陰影的相識交往，進而彼此接納的過程。女鬼是夾雜著陰影與阿尼瑪（男性內在的女性面）的存在，最容易因為傳統父權社會而受到排拒，進而轉化成各種傳說故事，出現在我們的文化裡。西方有女巫，中國有女鬼。這當中的心理動力是相同的，都是男性對女性的身體魅力及個人性慾的壓抑與投射所造成的現象，她們被迫成為陰影的承載者。然而，東西方仍有很大的不同。因為女巫是活人，女鬼卻不是。將陰影投射在生物圈外，不得不說是處理陰影的特別方式，而這讓獵女巫的可怕歷史沒有在中國出現的機會（雖然仍存在著許多歸罪女性的現象），某種程度上，那些危害作亂的女鬼還因此為女性爭得了話語權。關於後者，我們在分析厲鬼傳說時會再詳談，那時我們會特別著重那些無法被整合的黑暗。

女鬼與狐仙都是中國傳說中很常出現的象徵，兩者相比之下，前者是死物，後者是活物；狐狸遊走在意識與潛意識之間，而女鬼則主要是潛意識的。此外，狐仙日夜都能現身，女鬼卻只能在半夜。因而在心靈的光譜上，女狐與女鬼雖然都是阿尼瑪與陰影的混合體，但狐狸的阿尼瑪成分較多，女鬼則更偏向陰影。此外，狐狸因為是生物，所以狐仙故事不會有復活的橋段。但人鬼戀卻不然，女鬼傳說往往面臨死而復生（也就是陰影得到意識化）的問題。而這個推動由死到生的翻轉之力，傳說無一例外地將動能指向了「愛」。這不正是愛推動著我們將陰影給意識化的古老版本嗎？換句話說，愛推動著整合，使人格能藉由對陰影和阿尼瑪／阿尼姆斯的逐步認識與接納而走向完整。

因此，愛及其推動的個體化歷程，乃至整合的順序與階段也是本章人鬼戀故事的特點。這類傳說的劇情千奇百怪，引人入勝，但其核心卻都向我們指出了一個重要的事實：愛與成長密不可分。明乎此，我們就能明白這些荒誕不經的傳說為我們留下了綺麗的瑰寶。

忽然間，皮袋子發出響聲，漲得跟兩個竹筐一樣大，恍惚間有個鬼物從裡面探出半個身體，立刻就把夜叉給抓了進去。

一、聶小倩（中國・《聊齋誌異》）

故事大綱

浙江人寧采臣，性格慷慨爽直，為人有原則，潔身自好。常對人說：「除了妻子外，我不近任何女色。」

有一回他到金華，在北門外的寺廟旁解下行李休息。這座寺廟的屋宇跟寶塔都很莊嚴華麗，但庭院裡卻長滿蓬蒿，似乎很久沒有人走動了。東西兩側的僧舍都虛掩著，只有南側的一間小屋有新換過的門栓。再往大殿東方角落望去，只見修長的翠竹有兩手合圍那麼粗，臺階下有個大水池，池中的野蓮正盛開著。寧采臣很喜歡這裡的幽靜，學官當時正在金華測試秀才，城裡的客房租金上漲，因此他打算留宿此處，就在這裡散步等僧侶回來。

天色漸晚，有位壯士走來，開了南屋的門。寧采臣過去施禮，並說明自己打算在此留宿。壯士說：「這廟裡沒有主人，我也是路過住下的。如果不在意荒涼，早晚能向你請教，當然很好。」寧采臣很高興，鋪上乾草做床，支起木板當桌子，打算在這裡久住下來。

這天夜裡，滿月高掛，月色明亮如水，兩人在佛殿廊下談心，各自通報姓名，原來壯士叫做燕赤霞，不是本地人，但說話態度很真誠。一會兒後，兩人無話可說，就拱手告別了。

寧采臣因為才剛到此地，睡不太著。忽然聽見北邊有小聲嘀咕的聲音，似乎有人。他趴在北牆邊窺視動靜，只見短牆外有個小院子，院中有個四十多歲的婦人，還有一位老太太，兩個人正聊著天。婦人說：「小倩怎麼這麼久還不回來？」老太太說：「大概快到了。」婦人說：「是不是在抱怨姥姥您呢？」老太太說：「沒聽她說什麼，但確實有表現出不太高興的樣子。」婦人說：「這丫頭不必對她太好！」話還沒完，有一位十七、八歲的姑娘走了過來，長得豔麗絕倫。老太太笑說：「背地裡不該議論他人，我們才在念妳，妳這小妖精就靜悄悄地到了，幸好沒說妳壞話。」又接著說：「小娘子真是畫中的美人，假使我是男人，也會被妳勾了魂。」那姑娘說：「姥姥要不誇我幾句，還會有誰說我好話呢？」後來婦人也跟那姑娘聊了幾句，但已聽不清。寧采臣猜想這些人是鄰居，就回去睡了。

寧采臣睡意已濃，就要睡著時，發覺有人進到屋裡。急忙起身看，竟是那北院裡的姑娘。驚問來人用意，那姑娘笑著說：「明月當空，我睡不著，想和你親熱歡好。」寧采臣板著臉嚴肅地說：「妳應提防他人議論，我也要當心別人閒話。人一旦失足，就會喪盡廉恥。」姑娘說：「夜裡無人知曉。」寧采臣趕她走，她卻猶豫徘徊。寧采臣大聲喝叱：「快走！不然的話，我就喊南屋的人起來啦！」那姑娘怕了，這才退下。剛走出門又返回來，拿出一錠黃金放在被子上相贈。寧采臣拿起黃金，一把扔出屋外，說道：「不義之財，別弄髒了我的囊袋！」女子慚愧地走出屋外拾起黃金，自言自語說：「這漢子真是鐵石一塊！」

第二天早上，有個從藍溪來的書生帶著僕人來參加考試，住在東廂房。沒想到當天晚上就暴斃了。只見他腳心有一個小窟窿，細細地滲出血來，誰也不知道原因。隔天晚上，他的僕人跟著死了，症狀也一樣。

傍晚時，燕赤霞回來了，寧采臣將此事告知了他，他認為這乃鬼魅所為。寧采臣歷來就剛直不屈，因此並不在意，仍住在原地。

半夜裡那個姑娘又來了，對寧采臣說：「我見過的人很多，但還沒人像你那麼剛正。你實在是個聖賢人，我不願欺騙你。我叫小倩，姓聶，十八歲時夭折，被葬在寺廟邊。死後受妖怪威脅，才做出這些下賤的事情，實在不是自願。現在廟裡沒有可殺的人，恐怕夜叉要來取你性命。」寧采臣怕了，請她想個辦法。小倩說：「與燕赤霞同住就可避免。」寧采臣問：「妳為何不誘惑他呢？」小倩說：「他是位奇人，我不敢接近。」又問她誘惑人的方法。小倩說：「靠近我的人我就暗中用錐子刺他腳心，那時他就會昏迷不醒，藉此吸乾人的血給妖怪喝。或用金子引誘他，但那不是黃金，而是羅剎的骨頭，誰若留下這金子，誰的心肝就會被挖走。」寧采臣感謝小倩實言相告，問她妖怪來的時間，小倩說就在明天晚上。臨別時，小倩哭了：「我墜入地獄之海，找不到岸。郎君義氣干雲，必能救我。如果肯將我的枯骨包起來送回家安葬，您的恩情將有如再生父母。」寧采臣毅然答應，並問她屍骨埋於何處？小倩回答：「只要記住有烏鴉築巢的那棵白楊樹下就是了。」說罷後出門，轉瞬間就不見了。

第二天，寧采臣早早就約燕赤霞過來一聚。他備好酒菜，邀他喝酒。暗中觀察燕赤霞的動靜。當他邀請一同住宿時，燕赤霞推說自己性情孤僻，沒有同意。寧采臣不理，硬是把行李搬了過來。燕赤霞不得已，也只好把床搬來一起同住。

燕赤霞告訴他：「我知道你是位大丈夫，很傾慕你的風采，但有些事不便說明。請千萬不要察看箱子裡放的東西。若是違背了，對你我都沒好處。」寧采臣聽命。兩人於是睡了，寧采臣一直睡不著。一更天時，窗外隱約有個人影，不一會兒，走進窗前來窺視，目光閃爍，寧采臣害怕起來，剛要叫醒燕赤霞，突然間就有個東西從箱子裡飛了出去，晶瑩燦亮，撞在石窗櫺上，嗖的一聲又折返回來，宛如閃電。

燕赤霞立刻起身，寧采臣只是裝睡。只見燕赤霞捧著箱子仔細察看，又聞又看，那東西長有二寸，寬如韭葉。查看完後又把它包起來，足足包裹了好幾層，又放回原箱內。自言自語說：「何方的老鬼這麼大膽，把我的箱子都弄壞了。」而後躺下睡覺。寧采臣趕緊起身詢問他，將自己所見都告訴燕赤霞。燕赤霞不再隱瞞：「我是個劍客，如果不是石窗櫺擋住，那妖怪早死了。但牠也受了傷。」寧采臣問：「那包是什麼東西？」燕赤霞回答：「是劍。剛才聞了一下，有妖氣。」寧采臣想看看，燕赤霞大方拿出來，是一把閃著亮光的小劍。寧采臣對燕赤霞更加敬重了。

第二天，寧采臣看見窗外有血跡，他跟著一路向北，只見荒墳累累，墳堆中果然有一棵白楊樹，樹上有烏鴉巢。於是他返回收拾行李，準備離開。燕赤霞設酒踐行，拿出一個破袋子送給他，告訴他可以驅邪。寧采臣想跟他學劍術，他說：「像你這樣講信義又剛直的人，是可以當個劍客，但你是富貴中人，不是此道中人。」寧采臣託詞說有個妹妹埋在這裡，於是挖出小倩的屍骨包裹好後，就租條小船回去家鄉。

寧采臣將墳墓安置在房宅外，埋葬小倩後，他祭拜道：「可憐妳孤魂，就把妳葬在我的斗室旁，這樣妳的歌聲與哭泣我都能聽到，可以免於鬼雄的欺凌了。這碗湯水請妳喝了吧！雖然並不醇美，但請不要嫌棄。」禱告完後，忽然後面有人叫道：「走慢點，請與我同行。」回頭看，原來是小倩！她歡喜地說：「我就是為您死十次也不能報答恩情，請帶我回去拜見您的父母，就是當個丫鬟也不後悔。」寧采臣細細打量小倩，發現她的相貌比夜晚見到的還要嬌豔。於是帶回家中稟報母親。

母親聽完後很驚訝，因為寧采臣之妻久病臥床，母親告誡兒子不要對她說，以免嚇到媳婦。小倩進來後，母親吃驚地看著，不知如何是好。小倩稟告，願意侍候公子，報答大恩大德。母親雖然高興，但卻擔心因此害了兒子。小倩說：「請讓我們兩人以兄妹相稱，我早晚侍候您，這樣好嗎？」母親答應了她。她便走進廚房，為母親做飯。離開後，她走近書齋卻不敢進去，在門外徘徊著，好像害怕什麼東西。寧采臣招呼她，她說：「室內劍氣逼人，前些時候不敢拜見您，也是這個緣故。」原來是燕赤霞送他的皮袋子。寧采臣將它掛至別處，小倩才敢進來。她向寧采臣索要《楞嚴經》來讀，寧采臣答應下來。但到了半夜還是不走，寧采臣催她離開，她難過地說：「他鄉的孤魂，真怕那荒涼的墓穴啊！」寧采臣說：「屋裡沒有別的床鋪，兄妹也該避嫌。」小倩這才傷心地離開。

早上起來，小倩就問候母親，然後又下堂操持家務，黃昏時告退，就著燭光讀經，等寧采臣要睡了，她就離去。自從媳婦生病後，母親就非常操勞，因此打心裡感謝小倩，後來日子漸長，兩人猶如母女般親愛，竟忘記她是個鬼。小倩起初不吃不喝，半年後慢慢地也吃些稀粥。母子二人都愛著小倩，從來不提「鬼」這個字，別人也搞不清楚。

不久，寧采臣的妻子病故。母親希望能收小倩為媳婦，但又擔心她的身分對兒子不利。小倩察覺後告訴母親：「公子光明磊落，天人都欽佩他。說實話，我想輔助公子三、五年，若能博得封誥，也可使我感到榮耀。」母親又擔憂影響傳宗接代。小倩又說：「子女是上天給的，郎君命中會有三個光宗耀祖的兒子，不會因為娶了鬼妻而喪失的。」母親聽從了，於是讓兩人成婚，宴請親友。親友見到小倩，無不認為是天仙下凡。小倩又擅長畫蘭與梅，常常把畫送給親戚，得到畫的人都珍藏起來，以此為榮。

有天，小倩坐在窗前，徬徨不安，若有所失。忽然問道：「那皮袋子在哪？」寧采臣說：「因為妳怕它，所以把它放到別處去了。」小倩說：「我接受生人氣息很久了，不再畏懼，最好取來掛在床頭。」寧采臣問用意何在？小倩說：「這兩三天我心神不寧，怕是那金華的妖怪要來尋仇了，牠早晚一定會找到這裡。」寧采臣便把皮袋子取來，小倩反覆看著：「這是劍仙拿來裝妖怪頭顱用的劍囊啊！破敗成這個樣子，不知道殺了多少妖物了。我現在看見它，還是會起雞皮疙瘩。」

第二天，小倩又要寧采臣把皮袋子掛在門口。當晚，兩人對燭而坐，她提醒寧采臣不要睡著。忽然間，一個東西像飛鳥一樣墜落下來，小倩嚇得躲在帷帳後面，寧采臣一瞧，這東西像是夜叉，兩眼閃閃如電，舌頭血紅，張牙舞爪地奔過來。到了門前又退了幾步，徘徊許久才敢接近，伸出爪子去摘，像是要把它撕碎。忽然間，皮袋子發出響聲，漲得跟兩個竹筐一樣大，恍惚間有個鬼物從裡面探出半個身體，立刻就把夜叉給抓了進去。聲音一下子就消失了，皮袋子又縮回原本的大小。

寧采臣又驚又怕，小倩走了出來，高興地說：「好了，沒事了！」他們一起察看那皮袋子，裡面只有幾斗清水而已。

幾年後，寧采臣果然考中了進士，小倩也生下一個男孩。等寧采臣娶妾之後，兩人又各生了一個男孩。這三個兒子長大後都做了官，頗有名聲。

故事解析

寧采臣為人剛直有原則，潔身自好，除了妻子外，不近任何女色。我們知道，在傳說裡，多的是為了能與狐仙交好，刻意住在狐狸出沒處的狂妄書生。但〈聶小倩〉傳說裡的寧采臣卻是個稀有的例外，故事在開頭就告訴我們，寧采臣有著偉大的人格，他顯然不是有錢人家，因為城裡的客房租金上漲，為了省錢，便決定住在城外的廟宇裡，可見寧采臣手頭並不寬裕。但正是這個偉大的人格而非他的財富，一方面說明他對人格面具有過於認同的毛病，另一方面它又是寧采臣整合陰影時的重要憑藉。

病妻與古寺的象徵

然而，每個面具都有陰影，從後文裡我們知道他有一個生病的妻子，因此家務都改交母親操勞。是什麼讓他離開家裡，來到了城外的古寺？這一點猶值我們思考。從心理學的角度看，病妻象徵著他內在陰性面的乾涸，母親代勞處理家務一事更暗示著他尚待釐清的母親情結。這是他在故事開頭必須離家的原因。他原以為來到繁榮的金華可以散心，沒想到卻遇到了租金上漲。他刻意避開考官的蒞臨，是因為他還沒有準備好參與社會。對一個飽受母親情結困擾，而未能充分成為自我的人來說，人生更像是一個為他人而寫的功課。但就是在這個時候，潛意識邀請了他。

他避開金華來到城外，那座荒廢寺廟有股莫名的吸引力。傳說裡頭說，廟宇和寶塔都莊嚴華麗，翠竹大可環抱，青綠修長，大水池裡的野蓮正盛開著，但除了南側的一間小屋有人住以外，僧舍及周遭都長滿蓬蒿，似乎很久沒人走動了。寧采臣深深被此處的幽靜給迷住了。

城外的荒蕪寺廟象徵著我們的潛意識，破敗的屋宇寶塔莊嚴華麗，翠竹茂密，野蓮在水池裡盛開，象徵著他內在的自性已然向他展現了生死的對立與奧祕，在下一篇的《牡丹亭》裡，主角杜麗娘就是受此衝擊，而誕生了愛與被愛的渴望。雖然寧采臣是個已婚男子，但同樣被此地的孤寂感給吸引，進而遠離人群，啟蒙了他走入潛意識的願望。一如〈任氏傳〉鄭六的莫名改道，以及〈柳毅〉男主角放任受驚的馬兒離開大路。就在寧采臣決心在此住下，亦即接受潛意識邀請的那一刻，他斬斷母親情結，整合陰影、發展陰性面的個體化之路正式展開了。

屈服陰影將使自我被掏空

前面已提到，「鬼」是曾經屬於我們，但卻落入黑暗與未知的另一面，亦即陰影。但「女鬼」則又不同，她們混雜著男性的愛慾投射與陰影，是黑暗的阿尼瑪。

當女鬼在半夜推開我們的房門，要求與我們同床時，這不僅是阿尼瑪的魅惑，同時也是陰影企圖回歸的嘗試。它們急切地要求得到正視與認可，哪怕自我根本沒有能力承擔。陰影是致命的，如果我們沒有認清它們的身分，就無法做好接納它們的準備。

陰影永遠知道我們喜歡什麼、在意什麼，因為陰影就是自我的一部分，只是它被迫藏匿在外人看不見的地方。只有在夜裡，旁人都已睡去的時候，陰影才會現身。人之所以怕鬼、夢見鬼，一如甲骨文裡對鬼的最早記載，正是因為陰影對我們無所不知，我們卻對它一無所知的緣故。

寧采臣雖然在個體化的路上是個新人，但他卻很清楚自己的能耐到哪裡，他拒絕接受聶小倩的誘惑，即使她是一位豔麗絕倫的少女。但死去的書生主僕在面對陰影的誘惑時，卻毫不遲疑地接納了它們。這是他們在天明時喪失了自我（亦即被夜叉所殺）的原因。在著名小說《化身博士》（見《故事裡的心理學》下冊）裡，勤奮高尚的大好人傑奇博士發明了變身藥水，用來滿足自己黑暗與低俗的願望。他那富有名望的生活已使他的人生失去了活力，但當自己變身為猥瑣邪惡的海德先生時，他卻因此感到一種前所未有的自由。這個邪惡的自我使他很快樂！很快地，變身藥水失去了控制，海德出現的時間愈來愈長，他開始占據原有的人格。因此傑奇博士不得不用自殺來防止悲劇的發生。陰影具有致命性。藍溪書生及其僕人的性命之所以會被妖怪取走，正是這個緣故。

如果不能認出陰影的內容，直面陰影的結果就是遭到吞噬。而作為關係原型的阿尼瑪，則可能是我們在處理陰影議題時的幫手。因此如何與女鬼互動，就成為個體化的重要事件。然而，藍溪書生並沒有認識內在的真正欲望，他只想和阿尼瑪同床，想從中得到肉體的滿足。他和僕人的死，說明了那些屈服於陰影／阿尼瑪的男性，不論是外遇還是縱慾，其結局都是自我的淘空。夜叉會從腳心汩汩流出的血中得到滿足，直到男人的性命被了結為止。

血液可以幫忙運送氧氣及營養素至身體各部位，同時又協助將代謝後的廢物給運送出來，確保細胞的生存，因此血液象徵著人的生命力以及隨之而來的創造力。在色彩心理學的研究裡，紅色也最能激發一個人的食欲、激情，以及活力。縱然古人還不懂這些生物學知識，但失血過多會造成休克及死亡卻是眾所皆知。而腳是負擔最重的器官，是我們與土地相連之處，它象徵著勞動及責任。然而我們卻習慣看遠看高，很少低下頭看看自己從哪裡來？我們下面（亦即潛意識裡）又有什麼被我們忽視的資源？在童話《三根羽毛》裡，用來指引方向的羽毛直直落在呆傻的小王子腳邊，他哭了起來，傷心命運竟如此捉弄他。然而當他往腳邊看去時，竟然發現了一道通往地底的拉門。因此，血液從腳底處被夜叉抽乾，正象徵著這些男人內在的生命被陰影給吸去，最後只能被沉重的自我給壓垮。

作祟的女鬼：尋求被自我認可的陰影

但寧采臣面對小倩的態度卻謹慎且正確。他拒絕了女色，也拒絕了黃金，這才取得深入潛意識的機會。半夜裡那個姑娘又來了，她對寧采臣說：「你實在是個聖賢人，我不願欺騙你。我叫小倩，姓聶。」一直到此處，小倩的姓名才第一次在故事中出現。女鬼總是尋求社會的認可，一如陰影尋求著自我的認可。她們希望自己的故事被傾聽、被理解，易言之，女鬼之所以作祟，是因為缺乏了能與社會建立關係的管道。因此她接著說，自己十八歲時夭折，被葬在寺廟邊。死後受妖怪威脅，才做出這些下賤的事情。而這個沒有姓名、逼迫聶小倩來滿足自己食人欲望的夜叉，則是陰影的另一個象徵，而且特別指著帶有死亡性質的那一面。

粗淺地說來，聶小倩與控制她的妖怪或許正是分別以阿尼瑪及陰影的象徵而存在的，陰影與阿尼瑪之間的關係因此在故事裡被揭露了出來。他們是獨立又合作的原型，甚至彼此沾染和滲透。阿尼瑪本來可以是我們走向整合的助手，但對那些內心渾沌不明的人來說，阿尼瑪卻反而是陰影的工具。關於他們兩者的關係，我們後文中還會再討論。

劍的歷史與在中國的文化意義

燕赤霞很早就識破陰影的真實身分，直指這是鬼魅所為。在故事的最後，燕赤霞被聶小倩稱為「劍仙」，是能用劍除鬼妖的俠客。我們知道劍能殺人，但用劍殺鬼卻是前所未聞。因此燕赤霞的本事只能從心理學的角度來理解。「劍」是工藝技術的高度展現，因為它不僅必須堅固鋒利，由於它是雙刃的武器，因此也得要求重量與劍身的均衡。戰國以後，劍與俠更結合起來，形成獨特的劍文化。但在漢代以後，劍在戰場上卻慢慢地被刀取代，因為後者更適合拿來砍劈，同時刀只有單刃，因此研磨週期短，更適合大量製造。劍的實用性雖然降低了，但它的人文性格卻逐漸確立起來。透過《史記・刺客列傳》的記載及唐傳奇故事的渲染，各種劍俠故事廣為流傳。不僅武人愛劍，文人雅士也是如此。「書劍飄零」、「琴心劍膽」這類成語都是騷人墨客用以表達自身豪情的用語。可以說，劍代表著有道君子文武兼備的素養。

劍的鋒利固然指涉我們的心智功能，若從中國的歷史脈絡來理解劍的話，它更是文化精神的濃縮，是君子（亦即全人，具有完滿德行者）的象徵。而「劍」與「仙」連稱，更暗示著燕赤霞在整合路上的深度，他因此是寧采臣在人間，亦即意識領域的後援。如果不是有他，寧采臣的個體化之路就會被陰影所阻斷，他的自我將被我們內在最深之惡（亦即夜叉）給吞食。這些陰影的內容是全然的邪惡，我認為它注定存在，而且不相容於任何已知的道德體系。例如出於有趣而殺人，或是出於好奇而施虐。這些內容的意義就如「鬼」的原始意涵一樣，是無形的存在，是我們的一部分，而且絕對有害。

人格面具的兩面性

聶小倩稱寧采臣為「聖賢人」，也就是尊敬他的修養。在這裡，聖賢二字可被我們視為人格的向光面（亦即人格面具），也就是意識自我所追求和認同的部分。作為原型之一，人格面具同樣具有兩面性，並非全好或全壞，因此在開展個體化時，我們的人格面具雖是首先要被反思和檢視的部分，但如果人欠缺一分堅固的自我認同或適當的人格面具，那麼在整合的路上就很容易隨波逐流。許多中年婦女在空巢期遭遇認同危機後，會轉向二次就業或創業。作為母親，她們最重要的人格面具在子女離家後，其重要性大幅降低。如果要繼續開展個體化，她們便需要嶄新的自我認同。而擁有這分認同，才能使其在面對黑暗時，擁有自保的武器。這也是為什麼年輕人需要「英雄自我」來自我砥礪的重要原因，人生沒有虛度，那些在個體化前半段的努力（亦即適應現實社會，改善個人境遇的努力），在個體化後半段航向內心之海時一樣用得著。

不僅燕赤霞識破了鬼魅的伎倆，聶小倩也認出了劍仙的本事。她告訴寧采臣妖怪今晚會來捉他，但只要與燕赤霞同住就可避免，因為他是一位「奇人」。

前輩伙伴的協助

作為「奇人」的燕赤霞是整合之路上的前輩，因為他面對過黑暗，懾伏過黑暗（因此小倩跟夜叉都懼怕他），所以他了解黑暗及其的本領。他之所以可以使劍殺妖，因其既能堅決不受引誘，又不畏懼黑暗的挑釁。這樣的人不會在金華城內和那些想要考取功名的人同住，他們會在城外安居，接近心中的廟宇寶塔，與盛開的水蓮長伴。寧采臣雖然與他結識，但卻還不知道他的本領。若不是阿尼瑪相助，他便得不到面對陰影的方法。聶小倩建議他「與燕赤霞同住」，易言之，整合路上有時亦需要前輩伙伴的協助與指引，尤其是那些帶著致命性的陰影伺機而動時。

在希臘神話《奧德賽》中，男主角奧德修斯入冥前也得到了阿尼瑪的指引，女神瑟西為他指點黃泉路的方向，他得在那裡召喚死去的先知泰瑞夏斯，才能從後者口中知曉自己未來的命運。在此處，泰瑞夏斯是以智慧老人的原型而存在的，而燕赤霞則屬於「精靈伙伴」，也就是能提供指引與保護的同儕。童話裡常有這類角色存在，他們的異能力往往是男女主角得以完成任務的主因。在俄國童話《去不知道什麼地方找不知道什麼東西》中，男主角非多特因為有了隱形僕人的幫助才能安然歸國，打敗邪惡的國王，與妻子重聚。日本童話《鬼在笑》也因為荒野尼姑的出現，才幫助母親順利找回被妖怪抓走的女兒。古人有句話叫做「亦師亦友」，精靈伙伴的功能就類似這個說法。有時，這位伙伴甚至不用特別有本事，只要能在我們誤入歧途時拉我們一把就可以了。例如《魔戒》故事裡的山姆，及蘇美神話裡的寧舒布珥（這則神話我們將在後面的《牡丹亭》裡詳細介紹）就是這樣的角色。

成為自己並非遺世獨立

第二天，寧采臣早早就備了酒菜拜訪燕赤霞，又邀他同住，燕赤霞盛情難卻，只好答應下來。我們在這裡見到了「關係建立」的重要，個體化雖然是孤獨的，但孤獨不代表孤單。孤身上路的旅人可以在這條路上找到同行者，縱使隻身一人，卻有萬千的同道相伴。「個體化」指的雖是成為我自己，但「我」卻依賴「你」而建立。在分析心理學裡，阿尼瑪及阿尼姆斯是我們建立關係的橋梁。更深一層來說，「你」則是人最初與最後的渴求。試想想，剛出生不久的小寶寶就懂得伸出雙手對著天空胡亂揮舞，待得大一些，又熱切地想要記住周遭每項事物的名字。在知道有我之前，他們已經在索要著「你」，以及「你」的回應。他們想要成為世界的一分子，成為關係的一分子。

因此，成為自己並非遺世獨立，而是成為一個能對世界懷抱感情、能對旁人付出關愛以及無畏進入關係中的「人」。

好奇心亦是個體化之路的陷阱

燕赤霞雖然答應了他，卻叮囑寧采臣，箱子裡的東西不要偷看。這是很典型的神話主題：「好奇」。與熟悉的神話及童話不同，故事裡的男女主角往往難以通過好奇心的考驗，但寧采臣卻做到了這點。這也說明了〈聶小倩〉傳說具有很特殊的價值。在童話《美麗的瓦希麗莎》中，女主角在通過了層層考驗後，住在黑森林中央的女巫芭芭雅格問她：「妳一定想問我很多事吧？」但她在問完房子外頭的三個問題後就罷手了，關於屋內的各種現象則不置一詞。女巫讚許她道：「妳是對的，那些問了圍牆內東西的人，誰都不許活著離開。」說罷之後芭芭雅格就放她回家，她因此成功逃離了女巫的住所。黑森林象徵著內心的潛意識，女巫的住所則是黑暗中最黑暗的。任何人都不應該對此感到好奇，否則就會成為至深黑暗的一部分。燕赤霞所要提醒寧采臣的，正是這一點。寧采臣雖然假裝睡去，暗地留心屋內的一舉一動，但卻沒有打開不該打開的箱子，所以才得到了燕赤霞的贈禮：一個用來裝妖怪頭顱的避邪劍囊。一更天時，有妖物在門外窺探，寧采臣正在擔憂，匣內竟飛出一道光影，迅急威猛，打在石窗櫺上後又立刻返回。燕赤霞驚醒後，對著那東西聞嗅嗅，然後又層層包裹好收進箱內。原來那是一把短劍！

石窗櫺擋住了短劍的凌厲攻勢，因此妖怪受了傷卻沒死。至此，燕赤霞的劍客身分才終於明朗起來。先前已提到劍的寓意，這次我們更清楚了它與陰影的關係。陰影企圖吞食寧采臣所象徵的意識自我，但因為燕赤霞的緣故沒有得逞。伙伴的提攜和朋友的一句話，有時就像雷霆霹靂，直指我們的不足和遮蔽，將我們從阻泥之處拉了出來。最顯著的例子是夢境，有些再清楚不過的夢，當事人怎麼也想不明白，一旦說給好友們聽後，卻立刻得到了答案。不可小覷好友閨密的功用，他們的關心與愛，以及對我們這個人的多年了解，常能一語中的指出我們的核心問題，比治療師的詮釋更到位。關係雖不是治療的全部，但卻是治療的基礎，朋友就站在這麼一個特殊的位置。

開創屬於自己的成人之路

伙伴與同道雖然不見得跟好友們一樣知己甚深，但卻在我們所關切的人生事物上有足夠豐富的體會，他們知道哪邊需要拐彎，哪邊可能跌跤。用心理學的角度來看這一段描述，就是短劍及伙伴阻卻了黑暗進一步向寧采臣靠攏，在他還沒有能力完全保護自我之前，燕赤霞用劍協助他設下了光明與黑暗的界限。而有趣的是，石窗欞則設下了寧采臣與燕赤霞之間的界線。因為劍雖然傷了夜叉，卻因為石窗欞的阻擋未能取走妖怪的性命。這說明他人的協助永遠是有限的，降服或避免妖怪的侵襲，其責任最終還是在寧采臣——在我們自己身上。

天亮後，寧采臣跟著血跡一路走去，果真見到了小倩說的那株白楊樹，照著她的指示，寧采臣得到了小倩的遺骨。臨行前，燕赤霞送給他一個皮袋子，告訴他可以用來驅邪。寧采臣想跟他學劍術，但燕赤霞卻說他雖然有這樣的特質，但卻是富貴中人。易言之，寧采臣有屬於自己的命運，屬於自己的成人之路。個體化的要求之一，就是成為完整但獨特的自己。師友的人格與境界或許令他嚮往，但沒有人是相同的人，沒有人共享同一個人生。

阿尼瑪的狡詐與忍受陰影的漫長過程

聶小倩被葬在寧采臣的房間外，為了避免寧采臣之母的疑慮，她告訴後者願意和寧采臣以兄妹相待。然而事實上，她卻假借讀經為由，希望能和寧采臣同床共枕。寧采臣第二次拒絕了小倩，他告訴小倩，屋內僅有一張床，兄妹必須避嫌。

我們在這裡又見到了女鬼靈巧狡詐的特質。因為母親擔憂夫妻角色會傷害兒子，小倩就假意說只想當兄妹，她向寧采臣索要佛經，也並非為了清心寡欲，而是借故留宿。寧采臣將她趕回去，她卻哭著說荒墳很孤獨。但寧采臣的堅決卻有必要，因為對陰影的接納無法一步到位，阿尼瑪也不可能輕易掌握。女鬼是結合了陰影與阿尼瑪的存在。所以此處我們真正看到的，乃是整合路上的迂迴繞行。現在的兩人更為接近了，哪怕那無法被整合的黑暗已暫時構不成威脅，他們卻還遠不到結合的時候。寧采臣第一次拒絕小倩的地點發生在古寺，那時的他尚未意識到陰影帶來的可能性，只是出於直覺與對自我的認同反對陌生身分的要求。此次拒絕的地點則在家中，此時他已知曉了女鬼的身世與姓名，換言之，女鬼已經逐漸被意識化，寧采臣接受了她的幫助，也幫助了她。這是接納陰影的前奏。然而，陰影在被接納之前還有一個漫長的過程，從看見到承認，從承認到忍受，再從忍受到接納，而「忍受」是當中最難熬的。

前面提過，寧采臣生病的妻子象徵著陰性的乾涸，而這在現實生活中則常以出現問題的夫妻關係來表現。從個人的角度來講，它暗示著意識缺乏可以連結的對象，這樣的人無法與自身的情緒、直覺、感受等陰性面取得連繫。因此不難明白，他雖然結了婚，卻感到很孤獨。寧采臣的內心已對妻子築起圍牆，因為陰影很容易就投射在另一半身上，孤獨感則被視為對方造成的錯。否則無法想像為何他不留在家中照顧病妻，而是想要單獨留在城外的古寺居住。易言之，他不想面對已經出現問題的夫妻關係。然而，真正的個體化卻不能逃避關係建立。每座古寺都有女鬼，小倩的現身便是寧采臣無可迴避的議題。

執著於生病的關係比喜新厭舊更有害

我們很容易聯想到那些愛上新歡的男人。他們遇見的正是盤據在古寺裡的小倩，她們是魅惑、活力、感官與神祕的綜合體。然而，女鬼並不是真正的人，她是我們內在未知的一部分。將她視為一個真實存在的對象來逃避或追求，正是婚姻危機的主因。我不是說那些離婚、外遇的人都有問題，相反地，如果只是因為習慣或不得不而留在生病的關係中（一如寧采臣和其病妻的隱喻），那對我們的心靈才真正有害。

阿尼瑪與阿尼姆斯是我們與外在建立關係的動能之一，他們的出現往往伴隨一種瘋狂。那些不同類型的癮頭，都有他們的身影，當中最明顯的就是情慾。如果寧采臣不能忍受陰影所帶來的焦慮，那麼對情慾的急迫感就會使他把小倩投射出去，從而在外人身上找到女鬼的影子。這麼一來，小倩的詭計就得逞了。因此對小倩的拒絕是為了爭取時間，熟悉與她更好的互動方式，同時也是我們忍受陰影的漫長過程。

正因如此，寧采臣才等來了小倩的復生。

這段鬼化為人的劇情是整個故事裡最玄妙的。因為在多數的傳說裡，鬼魂復生往往必須仰賴自己原未腐朽的身體，或他人剛死去的肉身。但聶小倩卻什麼也不需要，她在吃了稀粥半年之後就這麼「活了過來」，一種由死到生，從鬼變人的強行逆轉。她的復生伴隨著寧采臣之妻的亡故並不是巧合，相反地，這說明她們兩者已然合一。

小倩復活的寓意

從心理學的觀點來看，傳說裡暗示的，是寧采臣在迂迴地接近阿尼瑪一段時間後，他終於成功地將內心的女鬼，亦即那個帶著愛與慾的心靈象徵轉移到自己妻子的身上。易言之，他接納了自己的陰影，同時與阿尼瑪取得了協同。所謂的成親，是指夫妻兩人的心靈再度結合為一。因此善畫蘭與梅的並不是小倩，而是寧采臣原本就聰慧的另一半。也正是因為夫妻關係重獲新生，他們才能持續贈予他人自身創作出來的美好作品。從心理學的角度看，指的是一段幸福關係所自動散發出來的活力、安詳與寧靜感。

母親對小倩的接納同樣象徵著母親的成長，她不再需要藉由控制自己的孩子得到安全感，不再需要將孩子的地位不恰當地抬升到伴侶的位階。這是母親情結之所以產生的根由。有時困難的不是愛孩子，而是在他不需要我們那麼多「愛」的時候，信任他走向獨立。傳說裡未曾提到寧采臣的父親，暗示著故事裡缺乏一種可提供楷模的父性原則，而此原則恰由個體化路上亦師亦友的燕赤霞所補足了。這不能不說是潛意識的巧妙安排。

因此這篇傳說指的不是別的，而是描繪原先失去了愛的陳舊關係重新獲得親密與創造力的故事，同時也是擺脫母親情結而後接納自身陰影的故事。寧采臣不再躲到古寺裡，亦即藉著追求靈性來逃避關係的失敗（如我們常在中年夫妻身上見到的那樣），也並未把小倩形象投射到其他的女性身上，透過外遇來轉移親密關係的困難。他的堅持為他重啟了關係，也將為他帶來參與世界的勇氣，而這在中國傳統裡，是以考取功名為代表的。但在那之前，還有一道關卡得跨越。那是當年他在古寺裡所經驗到的黑暗，它將再次尋求吞噬寧采臣的自我。

不是每種陰影都能被整合

寧采臣的個體化之路終於來到新的境界，在他接納了小倩，並與她成親之後。

更深一層的黑暗，亦即當年的金華妖怪再度找上他。陰影的內容我相信應該分成兩個部分來談，一個是我們可以接納並整合的，另一個是可以接納，但說什麼也無法整合的。我們的內在永遠存在著兩極，而至深的黑暗就處在最遙遠的那一端。兩極分立是心理動力之所以產生的原因，每次的整合也都會帶來新的對立、新的陰影，所以個體化之路永無終點。而這則傳說，就很清楚地為我們指出了兩者的差異。

聶小倩身上所沾染的陰影是前者，亦即可以接納並迂迴地予以整合的層次。與之整合會為我們的親密關係帶來新生以及創造力，那不僅可以嘉惠我們，也可以嘉惠我們所處的社群（這點可以小倩畫蘭與梅分贈親友為代表）。但夜叉所代表的陰影則是後者，它只能被了解，卻不能使自己認同這個黑暗。至少，那是現存的倫理學所無法允許的。厲鬼傳說之所以存在，其部分原因正是我們的內心有著無法見容於人類社群的黑暗面的緣故。例如對支解小動物的欲望、殘害生命的渴求，或凌辱他人的快感等，面對心靈中這樣邪惡的願望，這則故事告訴我們，人有必要畫清界線，並在其侵犯意識領域時勇敢驅逐。

儀式與結界的妙用

燕赤霞留給寧采臣一個劍囊，它作為一種結界，保證了人與鬼魅的距離，易言之，保證了人與至深的黑暗不會混同。這邊要看清楚了，燕赤霞並未送他任何武器，哪怕他也承認寧采臣適合學劍。武器雖然可用來自衛，但同樣可用來攻擊。燕赤霞不要他去主動攻擊最濃重的陰影，相反地，他只期待寧采臣能夠保護自己。而「囊」這個包覆性的器具，便有著保護的象徵，因為它的功能主要是將劍尖與劍刃給隔絕在內。

宗教與魔法儀式中也常見到結界的使用。它們通常的形式是方、圓或三角形，透過結界，區分了神聖與世俗、潔淨與汙穢，或者良善與邪惡。要注意的是，結界不僅提供了良善方保護，同時也保證邪惡方會得到它專屬的位置。這個畫分地域的方式，會在心理提供我們安全與確認，讓我們知道「這樣做是對的」，「那樣做是不對的」，規則遂因此建立起來，我們的意識自我才能在穩固的環境中成長。試想，如果孩子對世界的探索是在無規則的情況下進行，那將會帶來什麼情形？他會不清楚什麼行為可帶來效益，什麼行為又會讓自己陷入危險。更重要地，他會不知道自己是誰，因為做什麼都可以，就是什麼都不確定。不確定會帶來焦慮，什麼都喜歡的孩子，往往什麼都做不來。

養鬼的劍仙：善用黑暗來抵禦黑暗

果然，金華妖怪到來了。牠一開始還對劍囊感到忌諱，沒多久就壯起膽子想硬闖，沒想到，劍囊中竟然藏著一個可怕的惡鬼，硬生生地將夜叉給抓走，待二人鼓起勇氣前去察看時，才發現夜叉已經化成了清水。夜叉並不是被什麼神聖性的東西給制服的，例如宗教的護身符或高人贈送的魔法物品，相反地，牠是被劍囊裡的鬼物給擄去。這似乎令人不可置信。難道劍仙竟然養鬼嗎？這「仙」與「鬼」的對比在這則傳說裡異常強烈。如前所述，如果「劍仙」被我們看做整合之人的象徵，那麼我們就可以推測，所謂的完整必然包含著黑暗面。

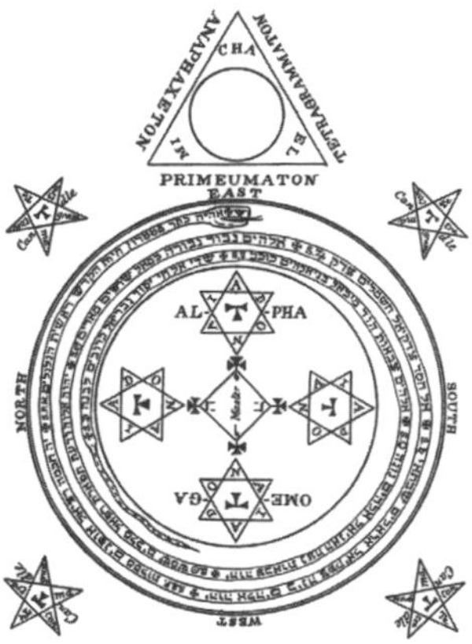

魔法書《雷蒙蓋頓》中所列的魔法陣，是召喚惡魔所用。魔法師站在大蛇所構築出的圓內，而惡魔則站在對面的三角形內。

自性從來不是明亮的，倘若如此，他就應該能清楚地在潛意識裡照亮我們所不熟悉的一切。故事是有意如此安排，用來表示一個得道之人，絕不會避諱接納自己的陰影，甚至能善用黑暗的力量來抵禦黑暗。而劍囊中的鬼物就是這樣的力量。我們在之後會出版的《神話裡的心理學：惡與陰影》中，還會接續討論這個議題。

得道的歷程往往涉及向下的探索，許多有過靈啟經驗的人都會描述一趟巫師或英雄的旅程，在那樣的幻象裡，他們的任務是除魔降妖，或者深入黑暗，拯救某個人與世界。在當中，有不少人會描繪他們受到黑暗或魔鬼的侵襲與誘惑，能夠忍受那一切的人才有機會返回，以嚮導的資格成為部落裡的巫師、薩滿，或者上人、資深的神父等。但這裡我們仍然要小心注意，因為劍囊鬼物雖然象徵著黑暗的力量，它仍受劍囊所束縛。易言之，黑暗的力量必須受到有效的控制，才能將之納為己用。在這樣的路上，有許多人反而成為黑暗的俘虜，從而走火入魔，淪為神棍。

而囊的破舊正說明正邪屢次鬥爭時留下的種種傷痕。這也象徵著心理治療的歷程絕不會平靜無波，也不可能一直春風得意。反而是在高度的自我乃至人際衝突中（常常也伴隨著治療師與當事人的衝突），理解黑暗才能更加前行。至於化成清水的夜叉，則代表著內心的滌淨。黑暗的欲念已被擄獲及驅散，劍囊裡剩下的清水更象徵了孕育胎兒的子宮與羊水，正等待一個合適的種子植入，提供他成長所需的庇護。暗示著寧采臣的內在已準備好迎來最後的轉變。

重獲圓滿的夫妻關係：古寺奇遇的結局

果不其然，小倩後來生下一個男孩，寧采臣也考中了進士。等寧采臣納妾之後，兩人又各生了一個兒子。三個孩子都當了大官。考取功名，有妻有妾，乃至生了三個兒子等，都是那個時代的傳說用來形容圓滿的象徵，若在當代，故事的結局當然也可以用其他的方式來表達。例如單身者豐富多彩的生活，男女主角生了一個可愛的女兒，或者雙方決定移居鄉村，白頭偕老不生小孩，這些安排都無不可。

故事在這裡結束，也標誌了寧采臣這趟古寺奇遇的收穫。女鬼同時象徵著陰影與內在女性，她的致命與魅惑，以及接納女鬼後帶來新生感的親密關係，都在〈聶小倩〉故事裡一覽無遺。半個世紀裡，這則傳說一再以戲劇或手遊的方式重現於我們的生活中，暗示著聶小倩已成為我們這時代的重要象徵。每座古寺都有女鬼，每個男人心中也都有一位小倩，引誘著我們走向城外那茂竹修長、蓮花盛開的古剎。我們能否順利地從古剎脱身，將會決定我們成為什麼樣的人。

杜麗娘見到百花盛開，心中驚訝感嘆：「原來姹紫嫣紅開遍，似這般都付與斷井頹垣。」

二、牡丹亭（中國・《牡丹亭》）

故事大綱

有一位名為柳春卿的書生，他一表人才，滿懷壯志。某日，他夢見自己在花園中的梅樹下邂逅了一位少女，少女告訴他，他們兩人有夙世姻緣，於是私訂終身。書生醒來後，便將自己改名為柳夢梅。

與此同時，住在福建的女主角杜麗娘也做了一個夢，夢見與一位少年書生在花園中相遇，故事就此開始。

杜麗娘是南安太守杜寶之女，年滿十六，尚未婚嫁。自幼被養於深閨，由老秀才陳最良教導聖賢之書。大門不出，二門不邁的她在十六歲那年因為讀到《詩經》首篇「窈窕淑女，君子好逑」之後，不禁放下書本說道：「聖人的感情都顯現在這裡了！人家說今古同懷，看來說得沒錯。」婢女春香見她困悶，於是提議帶她往後花園一遊，但杜麗娘卻回答道：「死丫頭，小聲點！被我父親聽見了可怎麼辦？」春香應說：「老爺離家去鄉下處理事情，已經好幾天了。」於是杜麗娘放心起來，先「雲髻罷梳還對鏡，羅衣欲換更添香」，而後又叨念著：「要知道愛美是我的天性，可惜我如春景般的美貌卻沒人看得見。我的美沉魚落雁，又讓小鳥驚叫喧鬧不已；閉月羞花，讓花兒發愁顫抖。」來到花園後，杜麗娘見到百花盛開，不由得讚嘆道：「原來姹紫嫣紅開遍，似這般都付與斷井頹垣。良辰美景奈何天，賞心樂事誰家院！」但如此美景只襯托自己分外孤獨，因此麗娘長嘆道：「我生於官宦之家，長在名門，已到及笄之年，卻一直沒有好對象，實在是虛度青春。光陰如白駒過隙，一下就過了。」接著她為自己哭了起來：「只可惜我花般的美貌，竟然就像一片葉子那樣短暫啊！」

漸漸地，她覺得困乏了，在那花園裡睡著，做了一春夢，夢見一位少年（即男主角柳夢梅）。那少年邀請她一起去假山背後：「讓我們鬆下領扣，解下衣帶，把衣服鋪在草地上，一起溫存共眠。」杜麗娘嬌羞著答應了。此時故事告訴我們，這一切其實是老花神的計謀，花神因為杜麗娘和柳夢梅未來將會結成夫妻，所以在麗娘遊春感傷時，特地讓柳夢梅進入她的夢裡。畢竟花神專門憐香惜玉，所以特地保護麗娘，使他們能夠巫山雲雨盡情歡愛一番。但醒來後，杜麗娘發現竟然只是一場春夢，難過得生病了，日漸消瘦。

某一天，她在照鏡子時發現自己容貌非常憔悴，遂驚呼道：「我以前非常豔冶輕盈，今天怎麼瘦成了這個樣子？如果不趁現在為自己留下畫像，留在人間給人觀賞，一旦無常來臨時，誰會知道西蜀的杜麗娘曾經這麼美麗！」因此她趕忙叫春香拿來丹青、素絹，用她的巧手自畫春容。「三分春色描來易，一段傷心畫出難。」麗娘哭著說：「杜麗娘二八春容，怎麼會由我來為自己畫像呢？」她把夢境說與春香聽後，又難過地嘆道：「春香，也有古今美女，早早就嫁給了丈夫彼此相愛，她的丈夫會替她描模畫樣；也有美人為自己留下畫像後寄與情人。像我杜麗娘即便留下了畫像，又能寄給誰呢？」杜麗娘的病因此愈加嚴重了。杜寶夫婦聽說女兒病重，忙叫老秀才陳最良用藥，又讓家中的石道姑念經持咒來驅逐花園的鬼祟，但都不見效。

中秋節那晚，杜麗娘去世，死前她囑咐春香把自畫像裝在紫檀木匣裡，藏於花園太湖山石下，又囑母親把她葬在花園牡丹亭邊的梅樹之下。父母遂將那花園改建為「梅花庵」，交給石道姑和陳最良照料。後來北方邊境有變，杜寶奉命平亂，因此舉家搬遷。

柳夢梅雖然飽讀詩書，但卻苦無上京趕考的機會。後來他受到欽差大臣苗舜彬賞識，得到資助前往臨安赴考，結果意外落水，被陳最良所救，帶回梅花庵休養。待他病體痊可之後，漫遊此地，才發現這是當年的夢中場景。不久，他又意外地找到了藏於花園中的自畫像，被畫中女子深深吸引，於是帶回住處時時祝禱。

此時的麗娘因為冥府缺判官的緣故，被囚了三年才等到新官上任。判官詢問麗娘何以來到此地？麗娘回答她的死因是為夢感傷，所以才壞了一命。判官不相信，叱責麗娘：「謊也。世有一夢而亡之理？」沒想到她真的陽壽未盡，卻陰錯陽差地在地府待了三年，因此允她返回陽間，說道：「我今天放妳離開枉死城，回到陽世，尋找妳的命定之人等待復活。」同時又囑咐花神要保護維持好杜麗娘的屍身。

回到人間等候的麗娘看見柳夢梅找到了自己的畫像，又見他情意真摯，因此現身示愛。兩人盡情歡好，雞鳴之後麗娘才又離去。如此多時，房中的笑語聲引起了石道姑的猜疑，隔夜麗娘再來時，便坦承相告自己是鬼，要柳夢梅娶她為妻，又再三叮囑他挖出自己的屍首，以便還陽。柳夢梅還在猶疑不定時，杜麗娘返回了，見他這副模樣便生氣地說：「我還有話要提醒你。你既以我為妻，就要趕緊把這件事情給辦好，千萬別貽誤時機。否則，我的事情已經被人發現，以後不敢再來陪你了。你萬萬謹慎留心，別把事情搞砸。我要是不能復活，一定會痛恨你於九泉之下！」

柳夢梅乃偏人掘開墳墓，杜麗娘因此復活。柳夢梅將此情上稟杜麗娘的太守父親杜寶，但後者懷疑麗娘是花妖狐仙變化而成的鬼怪，打算將兩人嚴加拷問。但柳夢梅乃是新科狀元，杜寶沒有權限審案，此案便改由皇帝審理。皇帝召來眾人對質：「朕聽說，人在行走時會有影子，鬼的形貌最怕鏡子。」遂命臣下拿鏡子照杜麗娘，檢查她是否有影子？鏡子不僅照出了麗娘的美麗樣貌，也照出了她的影子。這下確定杜麗娘真是活人，夫妻兩人並未說謊，最後在皇帝的主婚之下，圓滿收場。

故事解析

本篇與臺灣女鬼傳說都承蒙傅筱婷老師師的介紹得知詳情，特此致謝！

如果〈聶小倩〉談的是婚內失戀與舊情重溫，《牡丹亭》談的就是情竇初開與生死相許了。

《牡丹亭》又名《還魂記》，是明代劇作家湯顯祖的重要作品之一，雖然它與作者其他三部作品《邯鄲記》、《南柯記》、《紫釵記》共稱「臨川四夢」，但《牡丹亭》卻是當中最傑出的。

情愛萌發與孤獨意識的誕生

杜麗娘是一位深受傳統禮教束縛的女性，除了父親與家庭教師陳最良外，她的周遭未曾出現過男性。唯一出現的秀才家教陳最良，人如其名，除了是一腐儒外，六十歲的他也與麗娘不相稱。然而，十六歲正是情慾萌芽的年紀，一如《睡美人》裡的劇情，哪怕父親千方百計收去了王國內的織布機，公主仍注定會在十六歲那年被紡錘所刺，進而開啟後續的故事。

杜麗娘的啟蒙詩〈關關雎鳩〉，內容前段大家都耳熟能詳，「關關雎鳩，在河之洲。窈窕淑女，君子好逑。參差荇菜，左右流之。窈窕淑女，寤寐求之。求之不得，寤寐思服。悠哉悠哉，輾轉反側。參差荇菜，左右采之。窈窕淑女，琴瑟友之。參差荇菜，左右芼之。窈窕淑女，鐘鼓樂之。」若將詩文翻譯成白話，當中並無特別之處，顯然是一少年在河邊採菜時的偶歌。

然而，正是此詩說明了杜麗娘的內在生命已經醒覺，她伴隨著對孤獨的明晰意識而產生，哪怕外界的看守如何地嚴密，她卻已然受到內心的召喚，期待愛情的發生。愛情不是別的，它就是我們每個人本自固有的，追求完整的潛意識願望。愛的發生不僅是為了打破存在的孤獨狀態，同時也肇因於潛意識自性追求整合的動力。對瑞士心理學家榮格來說，自性（Self）是相對於意識自我（ego）的存在，他完整而神聖，只有願意傾聽內心聲音、直面內在陰影的人有機會接觸他。

原型有時是種能力，它會在恰當的時機，引導恰當行為的發生。而愛的原型就因為此時對孤獨的意識而誕生了，因此不論麗娘的家庭怎樣限制她的行動，使其無法意識到自己，那都不可能成功。在這故事裡，是以麗娘的美貌為象徵，她的美貌本身應有其吸引與互動的對象。養在深閨不僅辜負了她的外貌，同時也阻斷了她的整合之道。但自性會對我們錯誤的生活態度做出補償，而對麗娘來說，這個錯誤的態度指的正是長年來被父母刻意打造的封閉狀態。

永恆少女的死亡焦慮

後花園暗喻著潛意識，它是故事裡第一個重要的象徵。花園的美麗與荒蕪就是生與死，它的四季循環就是個體化的全部過程。麗娘的父親杜寶明白此點，因此連後花園都在禁地之列。在《愛麗絲夢遊仙境》（見《故事裡的心理學》上冊）中，花園就占了極重要的角色。一方面那是愛麗絲亟欲從小門外進去一窺究竟的地方，另一方面，它的豐美與永恆卻暗喻著死亡，如果她未能果斷地回絕帽匠與三月兔的邀請，就會卡在永恆的現在，無法順利地長大。而網路世界就是當代的潛意識花園，只要想想裡頭的廣大與新奇，就可以明白每個父母親的擔憂，因為那很容易使意志力不堅固的青少年在那裡沉迷。因而生機萌發的後花園才被杜寶視為可能使女兒杜麗娘變得沉溺之所。

當侍女春香見到小姐的愁容後，提議她往後花園一遊。麗娘此時的反應頗堪玩味，她說：「死丫頭，小聲點！被我父親聽見了可怎麼辦？」春香應說：「老爺離家去鄉下處理事情，已經好幾天了。」易言之，麗娘已經接受了這個提議，只是礙於女兒家顏面，不好直接答應。而建議往後花園一覽春色的侍女春香，因此可以被我們視為杜麗娘的陰影。在才子佳人故事中，總不乏聰明侍女的角色。她們教育程度低，但卻更貼近自然，對飽受倫理與名教約束的小姐們來說，作為陰影的侍女卻能使女主角的情慾找到抒發的出口。

但麗娘並非毫無準備，先是「雲髻罷梳還對鏡，羅衣欲換更添香」，後又說：「可知我常一生兒愛好是天然。恰三春好處無人見。堤防沉魚落雁鳥驚喧，則怕的羞花閉月花愁顫。」換句話說，雖然後花園再無他人，但麗娘依舊盛服前往。到了花園後，未曾來過此處的她為之驚嘆：「原來奼紫嫣紅開遍，似這般都付與斷井頹垣。良辰美景奈何天，賞心樂事誰家院！」就在這裡，十六歲的少女麗娘與死亡焦慮正面相逢了。

映入她眼簾的有兩種美，分別是生命之美與死亡之美。她先是為「奼紫嫣紅開遍」而喜悅，繼之為「都付與斷井頹垣」而哀傷。這樣的衝突倏地同時出現，深深地震動了杜麗娘的內心。死亡焦慮擄獲了她，對比於她的青春正盛，對比於她的華服滿身，杜麗娘首次意識到，自己的美不是永恆的。正是在此處，「永恆少女」的議題現身了。同樣地，寧采臣也在破敗的古寺裡見到了碩大的翠竹與盛開的野蓮，淳于棼的南柯之夢，雷峰塔前的開花鐵樹，皆為兩極的對立之佐證，無不是激發故事主角走向個體化之路的原因。

不婚女性的新認同

永恆少女（年）或許可被想成是我們心中那個拒絕長大，想永保青春的年輕自己。他們逃避著責任，逃避著成熟，最終是逃避了生命。如果我們能永遠青春，就可以隔絕死亡。存在心理學認為「拒絕向死亡借貸的人，就是拒絕活著」，他們想用逃避的方式來使自己相信自己不會老（也就是向死亡借貸），結果是讓自己無法真正地活著。永恆少女們總是嚮往著飛翔與輕靈，並保持移動狀態，從這一地到那一地，從一個對象換過一個對象。因為固定就是死亡，而她們卻嚮往無限的可能性。她們通常也有著被父母過度保護以及體弱多病的問題。杜麗娘不也有相同的背景？

在〈小王子〉和〈彼得潘〉（見《故事裡的心理學》上冊）的分析裡我們已經充分討論過永恆少年，此處可以再多補充一位永恆少女來做平衡，也就是《白雪公主》童話裡的王后。她著名的臺詞是對著鏡子問：「魔鏡啊魔鏡，世界上最美的女人是誰？」魔鏡總是回答：「是妳啊！王后。」直到白雪公主成年的一刻，或許也是十六歲吧！王后的美貌終於被時間與後輩擊敗，從而發展成嚴肅的世代對立。從深度心理學的角度來看，王后與公主其實都是女性內在自我的一部分，公主象徵著少與生，王后象徵老與死。魔鏡說出公主才是最美麗女人的那一刻，就是「少與老」及「生與死」的正面遭逢，深刻的人格轉變因此在這則童話裡啟動了。杜麗娘在花園裡的喟嘆，則是這則童話的中國式表達。

杜麗娘大可以拒絕這種意識，而將死亡焦慮壓抑入潛意識中，一如許多青少年男女會做的這樣。他們心中總有一個沒完沒了的暑假，還有永遠都會原諒自己的父母師長。我們必須說，杜麗娘確實展現了驚人的早熟，對比於當代不斷延伸的青春期，她卻早早意識到了青春的侷限，並（不無傷感地）接受了它。「吾生於宦族，長在名門。年已及笄，不得早成佳配，誠為虛度青春，光陰如過隙耳。可惜妾身顏色如花，豈料命如一葉乎！」

在心理學家河合隼雄的觀察中，永恆少女幾乎無例外地都是面貌姣好的女性。我想女藝人和模特兒中恐怕就有很高的比例吧！但在這個時代，永恆少女似乎更普遍了，相較於男性除了有外貌可以依恃外，步入中年之後，也還能夠認同穩重、世故及事業有成的男性形象，女性在我們社會中除了年輕的少女之外，意識裡能效仿的對象恐怕只有母親了吧！然而，想成為母親卻有個前提，那就是必須結過婚、生養過小孩。易言之，相較於男性，我們過去的文化裡並未提供足夠的獨身、穩重、具智慧的中年女性形象。使得單身者在年紀大了之後，除了成為「女巫」外似乎別無選擇。她們原是一群勇於做自己、對抗社會流俗的中世紀女性，但卻在歐洲的父權思想下成為邪惡的墮落女人。

當代還出現了「美魔女」這樣的說法，用來稱呼那些中年之後仍保持少女身材及外貌的女性。她們正是永恆少女在中年後的延伸。她們必須是「美的」，而且具有吸引異性的「魔力」。至於內在的深度如何，則未予以考慮。因此「美魔女」這樣的用語在我看來，對女性仍舊有貶抑的意味存在，好像人到中年之後，女性仍然只能用外觀來吸引他人的眼球。除了長相和性吸引力外，不婚女性需要更多的正向楷模，幸而這個時代已經有許多女性開創出比以往更多元的生活方式，也更有自信去活出自己的樣貌，提供了不婚族們可以認同效法的新對象。否則，對拒絕進入婚姻的女性來說，如果只剩下傳統的單薄形象能夠認同將是十分危險而且不公平的。不論怎麼說，社會對女性的傳統眼光有必要被更新才行，人如果只願活出一種面向（亦即只想以永恆少女的姿態終老），必將在往後的人生階段中遭遇困難。

綺麗之夢與性的象徵

幸運的是，早在讀到〈關雎〉時，麗娘內心的整合願望已經悄然啟動，後花園則是她退往潛意識的重要嘗試，她的哀嘆穿透了原有的人格面具，倏地將她內心的男性靈魂給喚醒。麗娘明白「生於宦族，長在名門」的她，如果不能早成佳配，也不過虛度青春而已。易言之，對比於我們情慾的神聖結合願望，也就是內在兩極的整合，她的外在身分並不值得留戀，就在那一刻，夢境為她捎來了重要的訊息。

麗娘在花園裡做了個夢，夢中有位年輕男子邀她作詩詠柳枝，驚訝的她欲語還休，孰料那男子竟直接表白：「小姐，咱愛殺你哩！」而後要麗娘往湖山石邊去，要在那裡和她寬衣解帶，溫存一晚。性是兩極接觸之中最生動描述，也是人類打破孤獨狀態之最激烈嘗試。性與愛的深層意義因此密不可分，因為它們同樣涉及了自我界線的放棄。如果不能放下自我，不論是自尊、祕密、戒心還是領扣衣帶，愛與性行為都不可能發生，因而愛的每次嘗試，都使我們必須犯上雙重的危險：既害怕失去對方，又害怕失去自己。因此愛與性都需要勇氣，若失去勇氣，愛就不會發生。用心理學家榮格的話來說，麗娘在夢境裡遇見了自己的阿尼姆斯，也就是女人內在的男性靈魂，從而能以性做為象徵，開啟了更深一層的整合。

但性除了代表整合外，也能透過生育子女來減緩人類的死亡焦慮。正因如此，我們才能解釋為何老花神會突然在這裡出現，他預告讀者「因杜知府小姐麗娘，與柳夢梅秀才，後日有姻緣之分。杜小姐遊春感傷，致使柳秀才入夢。咱花神專掌惜玉憐香，竟來保護她，要她雲雨十分歡幸也。」雲雨歡幸何以能夠「保護」麗娘？因為性衝動／春夢能使麗娘不過度地陷入死亡焦慮的威脅之中。從劇本中我們知道，老花神是由「末」來扮演，也就是中老年的男性，他藉著春夢給予麗娘生存下去的意義，因此他可視為智慧老人（亦即意義原型）的化身。肉身的歡愉竟然連接著生存意義，這在分裂的現代人心中是難以想像的事。我們高喊著理智，看輕感官，待夜幕降臨時，我們就擺脱白天的一切，成為另一種人。施加在杜麗娘身上的禮教束縛，同樣也使她的生活遭遇了分裂的危險。身體是我們的神廟，是我們接通靈性的入口，生命意義不是乾枯的文字，而是對生命的直接體驗。這麼一想，就能明白老花神的象徵與用意。

潛意識總是知道得比我們多，比我們清楚。這一點並不令人意外。我們的意識好比探照燈，注意力在哪裡，就會接收到什麼訊息。但探照燈只能聚焦在特定的點，因此被忽略之處就陷入了黑暗。那些沒有被意識到的訊息並沒有消失，而是在潛意識中被記錄下來。聚焦雖然指明了方向，但當我們的生活偏執地在特定的方向走時，也會造成偏差。潛意識因此透過夢境來向我們提出警告、嘲諷或建議。夢之所以能指向未來，正是因為自性能透過補償意識生活的錯誤態度，而揭示人格未來發展路徑之故。杜麗娘在夢境裡經驗到的，除了是深度的整合外，更是對未來夫婿的明示。

永恆少女與青春意象的搏鬥

自春夢甦醒後，麗娘因情傷而病，她未能解讀夢境的訊息，不明白夢境已對她昭示了未來，向她做出了保證。她形銷骨立，姿色大不如前。因此「若不趁此時自行描畫，留在人間，一旦無常，誰知西蜀杜麗娘有如此之美貌乎！」即命春香取來素絹、丹青，要為自己留下畫像。自畫像就是這故事裡出現的第二個重要象徵。

在王爾德的名著《格雷的畫像》中，年輕俊美的格雷願以靈魂作交換，換取畫像中的永恆美貌。格雷逐漸地在上流社會的虛偽裡墮落，畫像中的自己也變得日益奸邪醜陋，然而真實的格雷卻貌美依舊。直到格雷終於對這一切厭倦，拿起刀子刺破畫像。後來僕人與警方在房間中找到了一具醜陋的乾屍，和一幅破掉的畫像，畫中的格雷仍如年輕時那樣俊美。

格雷和他的畫像生動地描繪出面具與陰影、意識與潛意識之間的對立。當他過度認同自己青春的面具時，內在的潛意識卻變得腐朽不堪。直到他為這樣的生活感到厭倦，有意識地割破自己的畫像後，畫中的自我才又恢復原貌。自我與陰影之間就存在這樣矛盾的關係。格雷千方百計也要得到畫像中的美貌，其實正與麗娘想要留下個人畫像的動機相同，都是人對青春美貌的不甘放手。

正因如此，她才感嘆道：「杜麗娘二八春容，怎生便是杜麗娘自手生描也呵！」她仍在和永恆少女的原型搏鬥，在美貌消逝之前，我們總得留下一個證據，使自己的認同能夠維持不墜。但從心理學的角度來看，正是這個自描自繪的自戀行為帶來了死亡。青春之所以迷人，正是因為它很短促，換句話說，死亡藏匿在它身後。青少女與青少年們為何較成人更容易覺得孤獨，正是因為青春的短暫性質時時刻刻刺激著他們去敏察到生命的脆弱與死亡的威脅的緣故。孤獨感被心理學家佛洛姆視為人類最沉重的焦慮之源。在學校輔導的過程中，也有很高比例的學生會透露出這種巨大且沉默的孤獨感。但人若要擺脫孤獨感，就要有主動參與關係的勇氣，而非顧影自憐，等待他人的善意。因此麗娘死去進入冥府，亦即另一個潛意識心靈的象徵，在那裡等待重生。

麗娘之死：對死亡衝動的錯誤認同

在她進入後花園，見到「奼紫嫣紅都付與斷井頹垣」的那一刻起，死亡的本能就已開始運作。潛意識在她首次造訪時讓她藉由性行為經驗了深度的整合，同時又藉由花神之口，以神聖的婚姻應允她的未來。但想拿到潛意識的大禮可不簡單，若不能遠離永恆少女的誘惑，徹底讓舊有的自我死去，新人格就無法誕生。從此點言，死亡本能亦有其建設性的一面。這是為何冥府判官見到麗娘的幽魂時同意放她歸去：「我今放妳出了枉死城，隨風遊戲，跟尋此人。」又叮囑花神不可壞了杜麗娘的肉身。

麗娘拒絕成長，她想守著永恆的青春意象而逃避長大，象徵了對死亡衝動的錯誤認同。對許多青少女及青少年來說，死亡猶如生命，兩者都有著極大的吸引力。他們對各類型自殘、自殺以及衝動性行為的無所畏懼，這往往可以被解讀為是對死亡焦慮發起的正面挑戰。「美人自古如名將，不許人間見白頭」，美人與名將都寧死而不願老，其背後便是對死亡焦慮的恐懼。所以我們才會看見他們愛恨交織的情緒，從另一極迅速地轉向另一極。與其被死亡辜負生命，不如讓自己了結生命。

麗娘復生：對愛的堅信與嚮往

故事裡頭說，當時冥府少了一位判官，連著三年沒有人審案。等到新判官上任後，才發現麗娘命不該絕，但麗娘已在冥府遭囚禁三年。這象徵著認同了死亡衝動，而讓自己成為陰影的女鬼麗娘，她的人格與靈魂並沒有因此得到救贖，反而是灰心喪志，失去了行動力。認同影子，就會使我們成為影子。失去行動力的憂鬱自我只能在退行中等待（關於退行，我們會在《傳說裡的心理學③》〈野狗〉與〈屍變〉傳說中深度地予以探討）。三年形容其長，她才終於能夠會見內心的完整自性（亦即閻王判官），尋回意識的自我（還陽）。而其中帶來改變的關鍵，便是她對愛的嚮往，易言之，對走向完整的嚮往。

她告訴判官，死因是為夢感傷，壞了一命。判官原還不信，叱責麗娘：「謊也。世有一夢而亡之理？」但也正是這分看似執著的嚮往，使她即使屈服於死亡衝動，認同了內在的陰影，最終仍取得離開枉死城的機會。她堅信那春夢的合理性（相較於視夢為無稽之談的多數人），甚至堅信著確有柳夢梅其人，那堅信或許有著痴與傻的成分，但也因此她才得到了返回光明的機會。翻閱過生死簿的閻王才命令花神保護麗娘的肉身，許她還魂的可能。而這也再度暗示著我們的生命意義必須藉由身體的感官方能獲得。用心理學的話來說，這段劇情指的便是對生（青春與美貌／留下自畫像的舉動）的嚮往使之死，對愛的嚮往卻使之生，是愛讓杜麗娘有了脫離黑暗的勇氣。

我們應該將麗娘化為幽魂的這三年視為一個虛數來理解。它所指的是一段迷惘而痛苦的時光。對備受孤獨感折磨的年輕男女來說，黑暗往往壓得人喘不過氣。不論他們的學業成績多麼優異，黑暗卻在心裡揮之不去，此時的他們之所以對愛或性有高度的嚮往及好奇，我認為潛意識當中就有這種想要藉著愛或性來穿越／打破黑暗的動機。我們的第二性徵也大約在這個時候出現，性器官也在此時成熟，這似乎是大自然賦予人類對抗短暫青春及孤獨感的安排。但對現代人來說，這個年紀是太年輕了一些，還不足以迎接各種複雜的社會事務，因此並不樂見他們在中學時期談戀愛。年輕男女就在這個尷尬的階段裡，備受內外的壓力煎熬，而這一切反而加重了這樣的傾向。

身體是靈魂的神廟

杜麗娘也在這樣的痛苦中從十六歲一路熬到了十九歲，最後她內心的阿尼姆斯才終於化成了現實中的人物柳夢梅，並在她進一步的鼓勵之下變得勇敢。相較於阿尼瑪象徵著我們內在的生命，阿尼姆斯則可以被我們理解為「意義」。透過性／身體感官而得到意義，難道不是我們這個分裂時代的最佳提醒嗎？但在這個強調理性與邏輯的時代，身體的感受卻被思考壓抑，而我們的教育情境裡也用各種小故事在推崇這樣的行為，例如埋首做實驗而把手錶當雞蛋煮的牛頓。這都大大鼓勵了人們身心分裂的傾向，也難怪這麼多年輕人苦苦找不到生命的意義了。

身體就是我們的神廟。善待它，與它同在，這件事本身就有助於我們在紛亂的世界裡得到安定。將房間清理整齊、泡一杯茶、煮一壺咖啡、掃掃地或整理花圃，只要在這個過程裡能將手、眼、心都放在同一件事情上，人就能從此處獲得平和感。「性」是古老卻普遍的的象徵，是傳說的一種表達，它意味著我們各種身體活動都能提供我們回報。

世上最古老的神話——《伊南娜入冥》

我們可以把《牡丹亭》拿來跟世上最古老的神話《伊南娜入冥》做個對比。

伊南娜是蘇美神話中的大女神，職司性愛、戰鬥、繁殖與美，希臘神話中的阿佛蘿黛蒂與雅典娜女神，便是由伊南娜信仰分化而成。她被稱為天后，夫君是農神杜牧齊。在《伊南娜入冥》的傳說裡，她放棄了天界與陸地，以便降臨下界，也就是冥府。她的姊姊艾瑞絮姬葛是冥后。為了造訪冥府，伊南娜備妥了七件物品在身上，出發前往冥府。

臨走前，伊南娜交代女僕寧舒布珥，如果她遲遲未歸，就替她依次造訪天神，請求他們的協助。寧舒布珥答應了。當女神來到冥府的入口時，依次經過了七道大門，大門守衛奉冥后之命，每通過一道門，就要伊南娜卸去一樣物品，「讓天界的主祭低頭彎腰進門來。」待她來到冥后面前時，伊南娜已經赤身裸體，艾瑞絮姬葛便從寶座上站起來，伊南娜走向寶座坐上去。在冥府判官的不利判決及冥后的死亡注視下，伊南娜變成了一具屍體，腐爛的肉，被掛在牆壁上。

三天三夜過去了，女神都未回來。寧舒布珥依約造訪諸天神請求幫忙，但都被拒絕了。只有智慧之神恩基憐憫她，從指甲間刮出泥土，造出了兩個沒有性別的泥人。恩基拿生命之水與生命之食給他們保管，吩咐他們到下界去時，會聽見冥后在呻吟，像待產的女人在叫喊，她全身赤裸，頭髮散亂，當她喊著「歐，歐，我體內！」時，就跟著喊「歐，歐，我體內！」，當她喊「歐，歐，我體外！」時，也跟著喊「歐，歐，我體外！」冥后會因此高興而送他們禮物，這時就要求把掛在牆壁上的屍體帶回來，然後對著屍體分別灑上生命之水與生命之食，伊南娜就會活過來。女神果然因此復活，但冥府判官卻不讓她回來，除非找到替死鬼。伊南娜找到的替死鬼，就是她人間的丈夫杜牧齊，因為他坐在寶座上並不傷心。但杜牧齊被抓走後，女神卻為他的丈夫痛哭。杜牧齊的姊姊因為憐憫弟弟，因此跟他輪流到冥府待半年。這便是季節的由來。

這是一則走向陰影的神話，也是世上最古老的神話主題。大女神伊南娜與她的黑暗姊妹艾瑞絜姬葛分別代表著人格面具與陰影的原型。在面對陰影時，伊南娜並非毫無準備，相反地，她帶上了七件物品，代表著人間的美貌與權力，然而這在陰影面前卻沒有絲毫用處。冥府的守衛要她一件件脫下，在陰影面前我們毫無掩飾的空間。陰影是自我認同的一部分，它就是我，陰影就是光明，我們如何能夠欺瞞自己呢？靠一己之力想要整合陰影是不可能的，神話很明白地指出了這一點。

分析師維雷娜・卡斯特（Verena Cast）認為，這則神話首先表達了伊南娜的新生，她改變了，她的陰影姊妹也改變了，而這一切之所以實現，是因為冥后擺脫了孤獨，她在遭受痛苦時得到了泥人的同情。痛苦需要同情，我們同情自己，也同情任何一個遭受陰影痛苦的人。同情就是創造性改變的開始。

我認為這則神話還有兩個值得注意的地方：第一，伊南娜留在人間的忠心女僕寧舒布珥，她象徵著人間的伙伴與情感連繫。如果不是她，天神恩基就無法適時提供協助。所以，所有將整合作為人生目標的朋友與同道們，請萬萬記住，這雖是一條孤獨的路，卻不應該自限於孤單。

當恩基派遣兩個泥人造訪冥后時，特別交代了他們，當冥后痛苦吶喊時，他們也要跟著痛苦吶喊。很顯然地，這裡指的是同理與關注。冥后在殺死妹妹伊南娜後，自己也是痛苦的。換言之，即便黑暗取得了人格的統治權，仍然無法使我們脫離傷痛。如何不向黑暗靠攏是個體化過程中的重要主題，陰影有其恐怖面，但弔詭地，亦有其誘惑面。整合陰影談何容易？許多人只能在光明與黑暗之間選一個當自己的主人。單就認同光明必顯得人格貧瘠且迷惘，但哪怕全面認同黑暗，人也得不到救贖。一如艾瑞絮姬葛所遭遇的生產之苦一樣。她的苦，肇因於愛的缺乏。

當泥人陪伴在她身邊，同理她的痛苦時，冥后才終於舒緩了心情，想要回贈禮物給他們。這個「回贈」的行為，正是生產已然結束，新生兒得以誕生的象徵，同時也是愛的象徵。愛會引起另一分愛，愛的行動總能激起愛的回應。而泥人得到的贈禮不是別的，正是伊南娜原已腐爛的屍體。只有在陰影得到足夠的同理與接納後，生命之水與生命之食才有運作的空間。換言之，沒有愛，奢談整合；沒有愛，人無從脫離黑暗。

杜麗娘因為一個未曾見過面的柳夢梅而感傷，因為一場夢而死，但她心中懷抱著的「對愛的期待」卻以命運的形式（也就是花神預先使她與未來的丈夫相遇）使她肉身不壞，並最終能離開冥府（亦即黑暗）回到陽世。這一點，與此則近東地區的神話遙相呼應。

第二，女神的丈夫杜牧齊，他象徵著愛的具體對象以及男性的靈魂（亦即阿尼姆斯）。杜牧齊雖然不願意，但卻成為了冥后的俘虜以及伊南娜的替死鬼。伊南娜之所以讓杜牧齊代替自己受死，是因為杜牧齊對自己的死並沒有難過之情。然而，杜牧齊替自己死去後，伊南娜卻為之哀悼痛哭。這分複雜的情緒正是死後復活的伊南娜才能有的。在那之前，他們兩人的愛是無邊的快樂，從未體驗過嫉妒、憤怒與悲痛。冥府行回來後，與陰影取得和解的伊南娜才體會了這一切，亦即身為人的那一切。愛意味著沉降。沉降到我們自身的陰影，然後領悟愛的深刻。在伊南娜死去化為腐屍，她的陰影姊姊艾瑞絜姬葛為之痛苦難當時，她已明白了愛的根源。它不在光明處，亦不在黑暗處，而是光明與黑暗的交會。但她的人間丈夫還不明白，對他來說，失去妻子並不痛苦，他只要再找一位愛人就可以了。

易言之，他從未愛過伊南娜，他愛的是可以為他帶來歡愉的對象。這個對象不見了，只要再找一個對象來替代就可以。這便是男性靈魂阿尼姆斯的缺陷，他將每個「妳」都視為「她」。所以他成為了伊南娜的替死鬼，因為他不曾了解愛的真諦。從此角度來說，伊南娜給予了丈夫發展深度的機會。而這個機會，唯有入冥方可獲得。因為曾待在黑暗裡，杜牧齊方能明白生命的可貴與獨特。任一個人，都不可能有替代品。

激勵文弱書生挑戰生死禁忌的杜麗娘

這廂柳夢梅因落水被救而借宿梅花庵，見到了杜麗娘的自畫像後為之驚豔嘆息，正巧被返家的杜麗娘遇見。兩人一相逢，柳夢梅借色壯膽，不僅無懼麗娘的鬼魂，還進一步找人毀墓，要使麗娘復活。這位秀才實在勇氣非凡，因為故事裡說了，按照法律，凡開棺見屍者，不分首從皆斬。掘墓開棺，象徵著柳夢梅對死亡禁忌的挑戰。生死是不可逾越的界線。日本神話裡，伊邪那岐痛心著妻子伊邪那美的死，趕赴陰間求她回來，沒想到在意外看見妻子全身腐爛的樣子後害怕地逃走了。他在黃泉比良坂上立下千引石，人間與冥府的通道就此斷絕。同樣源於日本神話，在大國主神的故事中，他躲到冥府尋求庇護，但在他得到了惡神健速須佐之男命的女兒與大刀之後就逃出了冥府，惡神苦苦追趕，直到黃泉比良坂後也得放棄，只能遙遙祝福大國主神在日後取得成功。

生死之間界線如此清晰，但柳夢梅卻決意挑戰禁忌，若不是對麗娘的情愛使然，一介書生斷斷不敢如此。而他之所以勇於挖開棺木，正是受到了杜麗娘以言語刺激的緣故，這點容後再做說明。在另一部明代傳奇作品《荔鏡記》中，女主角五娘勇敢地在高樓上以荔枝砸向男主角陳三，她透過紅色多汁、香氣飽滿的荔枝來表達自身豐沛的情感，這樣的劇情在我們熟悉的西方童話裡並不多見。在這類才子佳人故事裡，女性不是男性的附屬，亦不是男人打敗怪物的禮物，而是一種更為主動和引領男性做出改變的角色。在明代嚴謹的男女關係和禮教背景之下，這類型的故事則顯然有著別於傳統的觀點。

關係是互動出來的

柳夢梅與麗娘幽魂相遇的那一刻就決定結為夫妻，兩人的歡愛之聲引起了石道姑的懷疑，這使麗娘終於下定決心，要對柳夢梅透露自己的身分。鬼魂總是要求被認識，陰影總是要求被理解，否則它們就會作祟。她在離去前更千萬叮囑柳夢梅，務要掘墓尋屍，方能使她返還陽世。易言之，此時的她已能明確地表達出自己想要離開黑暗的希望。唯有進入光明，也就是她的身分必須得到認可，人鬼的戀情，亦即明暗的整合才有望成功。性再一次成為故事裡的重點，它象徵著我們心靈的不同部分再次展開互動，甚至有效地整合。她成功地脫離了退行，擺脫了死亡焦慮的威脅，安渡到人生的下一個階段。

沒想到杜麗娘離開後，柳夢梅卻以為自己在做夢，對開棺一事沉吟不決。他的猶豫立刻受到麗娘的斥責，要他立刻採取行動，以免誤了兩人的大事。

這段「麗娘罵夫」的劇情，把這自以為做了稱心春夢的柳夢梅罵醒了，原來他不是做夢，而是遇鬼。因此原先猶豫不定的阿尼姆斯也變得果決堅強。這暗示著杜麗娘在歷經三年的地府行後，已經自黑暗裡走出，人格也變得更加茁壯。柳夢梅的勇氣，亦如五娘之於陳三，明擺著是被杜麗娘這位奇女子給逼出來的。膽怯帶來膽怯，勇氣激發勇氣。關係往往是互動出來的，我們在此處看見了偉大的女性鼓舞了男性。因此，這是一篇不折不扣的女性故事！從原先的夜裡貪歡到正色要求自己應該得到應有的重視，那源於黑暗的愛終於要在光明處結束。

情不知所起，一往而深

而還在黑暗中徘徊不定、失去認同的年輕女性，則可能會繼續為青春的流逝感到哀傷，並透過將自己委身給一個不成熟的男性而陷入關係的泥淖裡。我們在此處見到了女性如何投射自身的阿尼姆斯至外界，其潛意識目的是希望藉由一個外在的拯救者來使自己脫離困境。殊不知當我們尋求外在救主的同時，就會把自己擺在受害者或待援者的位置，這是一個舒服的位置，因為它把責任從身上卸下，但也是一個失去自由與能力的位置。好的關係應該讓雙方同時得到滋養，不適當的關係則反是，它讓彼此都得不到成長。

分析至此，我們已經可以為湯顯祖於本書的知名序言給出深度心理學的註腳了。湯顯祖說：「麗娘者，乃可謂之有情人耳。情不知所起，一往而深。生者可以死，死可以生。」這是什麼意思呢？情不知所起，意指「有情」（也就是愛）起自於內在的無明，亦即潛意識裡追求整合、打破疏離的願望，這願望往往藉由情愛與婚姻原型的神聖誓約來表現。一往而深，是要直入最底層的黑暗，使原先遙遠看似對立的兩極在深處迎向整合。生者可以死，指的是舊人格、舊世界觀的毀棄。死可以生，指的便是整合後的新人格從此誕生。

從單純到成熟：向內開展深度的傳奇女性

讓我們重新整理這故事。受死亡焦慮所威脅的少女杜麗娘產生了成長的欲望。在潛意識的後花園裡，她決心向青春狀態分手，因為她明白繁花必會落盡，人間沒有不老的英雄。杜麗娘在花園中見到的美是雙重的，生命之美與死亡之美，這兩種美同樣震撼我們，但對這位孤芳自賞的美麗少女來說，它卻是嶄新的衝突經驗，這深深地激發了她對孤獨的意識。一如因為離開王宮，見識衰病老死後大感驚訝，而決心走向開悟的年輕佛陀。此刻的麗娘也突然意識到，她所自恃擁有的都會消亡，在那之前，她必得做些什麼才行。

而婚姻，這個象徵著神聖結合的原型，以及愛慾所象徵的深度整合就在此時擄獲了她。花神在這裡不是別的，是智者形象的阿尼姆斯或自性，他揭示了未來，在那時，杜麗娘將要和柳夢梅相遇。但在那之前，她得要脫胎換骨走向新路，拋下舊的意識人格才行。這條路不是別的，就是個體化。正因如此，杜麗娘必須死去，在冥府裡醞釀重生。在此處，冥府不僅象徵著潛意識與黑暗，同時更是死亡焦慮本身。唯有如此巨大的勇氣，原先單純的少女才能成為成熟的女性。

她深入潛意識的勇氣不僅為她的人格帶來新生，同時也鼓舞了男主角柳夢梅，讓文弱書生甘冒大不諱變成了盜墓賊。杜麗娘的成熟不僅嘉惠了自己，也因此嘉惠了另一半。這是一個典型的女性成長故事，和男性不同，後者總是尋求對外的反抗，但女性卻選擇對內開展深度。

女性謀求改變自己，卻因此改變了世界，撼動了體制。從她的父親杜寶不能決定他們的婚姻，而是交由皇帝審理此案就可明白，作為最高道德與政治的權威，皇帝代表著整個體制，整個社會。皇帝的認可象徵著全體社會的認可，皇帝以銅鏡映照麗娘的身影，確認她的肉身是否為真，象徵著社會對麗娘身分的重新確認。反轉了生死的杜麗娘不僅改變了自己的一生，也改變了整個社會對於女性與愛情的狹隘看法。愛、孤獨與個體化的軸線如此清晰深刻，無怪乎這段故事能歷久不衰了。

三、伍秋月（中國・《聊齋誌異》）

故事大綱

王鼎，字仙湖，他為人慷慨，勇武過人，廣交朋友。十八歲那年，未婚妻去世。因此他屢次遠遊，總是經年不歸。哥哥王鼐是江北的名士，兄弟情誼非常深厚。王鼐要王鼎待在家裡，準備幫他找個新對象，但他不肯，便搭船去鎮江拜訪朋友。正巧朋友外出，他就先在旅館的閣樓住了下來。那裡鄰近江邊，風景絕佳，就連隔天朋友回來後請王鼎去家中住，他也不肯。

大概住了半個月左右，王鼎在夜裡夢見了一個女子，年約十四、五歲，長得端莊美麗，上床與他同睡，醒來後便夢遺了。他覺得奇怪，但尚不以為意，如此又過了三、四個晚上都是這樣。因此他不敢吹熄蠟燭，時時保持警惕，可剛闔眼，又夢見女子來了。正親熱間，他忽然驚醒，便見到那位美麗的女子真真實實地被自己抱在懷裡。

女郎見王鼎醒來後，表現得羞怯。王鼎雖然知道她不是人，但仍然很高興，還沒問個清楚明白，就急著再和她歡愛一番。女子好像不堪忍受，對他說：「你這樣狂暴，所以我才不敢當面告訴你。」王鼎這才問起原因。她說：「我叫伍秋月，先父是一位深通《周易》的名儒，他對我疼愛有加，但說我壽命不長，所以不許我嫁人。十五歲那年我果然夭亡，父親將我埋在閣樓東側，不立墓碑，墳塚切齊地面，只在棺材邊立了一塊石片，寫著『女兒秋月，葬不起墳，三十年後，嫁給王鼎。』現在正過了三十年，你剛好前來，想委身給你又覺得難為情，所以才在夢中相會。」

王鼎很高興，急著想交歡。伍秋月說：「我需要陽氣才能再生，但實在禁不住你這樣粗暴，以後的日子還長，何必急於今宵？」便起身離去。

第二天，伍秋月又來找王鼎，和他嘻笑戲謔，如同生前一樣。吹熄燈燭上床後，她跟活人沒有區別。只是王鼎每次起床都會夢遺，把床被都弄髒了。

某天夜裡，兩人在院中散步。王鼎問道：「陰間也有城市嗎？」伍秋月回答：「和人間一樣，陰間的城市不在這裡，離此處約三、四里。但那裡把黑夜當作白天。」王鼎想去看看，伍秋月答應了。

他們乘著月色前往，伍秋月走起路來快得像一陣風，王鼎極力追趕。伍秋月說：「快到啦！」但王鼎卻什麼也沒見著。她把口水吐在王鼎的眼角，睜開眼睛一看，眼力加倍明亮，頓時看見雲霧中有一座城市，路上行人像在趕集一樣。

一會兒，見到兩名差役綁著數人從他們身邊經過，有一個囚犯看起來很像哥哥王鼐。王鼎走近一看，果然是哥哥，驚駭地問：「哥哥怎麼會來到這裡？」王鼐一見王鼎，眼淚就流了下來：「我也不知道原因，就這麼被抓了。」王鼎氣憤地說：「我哥是仁義君子，豈能被這樣綁著？」便要差役鬆綁。差役不肯，還態度高傲地瞥著王鼎。王鼎想要爭論，卻被哥哥制止：「他們不過是奉命行事，只是我身邊沒錢可以滿足他們的賄賂，再麻煩弟弟回去籌措些銀兩給我。」王鼎痛哭，差役更是惱怒，硬拉王鼐脖子上的套索，王鼐瞬間跌倒。

王鼎怒氣填胸，立刻解下佩刀，砍下差役的頭顱，另個差役大聲喊叫，王鼎也砍了他的頭。伍秋月驚呼：「殺死官差乃是重罪，不快點逃是不行的。趕緊找船北去，回家後把你哥的喪幡給拆了，關上大門不要外出，七天後保證沒事。」王鼎扶著哥哥連夜雇了一艘小船，火速趕回家中。

回到家才看見弔唁的人都在門口，關上門上了鎖，哥哥杳然失蹤，進屋後，王鼐已經復活了，喊著肚子餓。原來王鼐已經死了兩天，家人無不驚駭。王鼎把經過講了出來，於是摘掉喪幡，躲在家中十天，人們才知道王鼐復活了。

王鼎想念秋月，便再度南下來到原先的閣樓，但晚上等了許久，秋月始終沒來。正想就寢時，一位婦人前來相告：「秋月託我告訴你，前些日子因為公差被殺的事，秋月已經被抓去審問了。差役虐待她，她只能天天盼望著你去，好替她想個辦法。」王鼎心中悲憤，便隨婦人前往。

他們來到一座城市，婦人指著一個大門說：「秋月就被關在那裡。」王鼎走進去，裡面的房舍關了很多人犯，但就是沒有秋月。又進了一個小門，看見小屋裡透出亮光，裡頭正是秋月！只見她掩著臉在哭，原來身旁有兩名差役正對她上下其手，調戲勾引。秋月哭得更厲害了，一名差役摟著她的脖子說：「都成犯人了，還想守貞操嗎？」王鼎怒火中燒，持刀闖入，一刀一個，全給殺了，將伍秋月給救了出來。

剛到旅店，王鼎突然醒來，覺得剛才的夢境很凶險，而秋月已在旁邊含情脈脈地望著自己。原來這一切都是真的，並非做夢。秋月嘆了口氣：「這是命運啊！月底是我再生之日，但事到如今已經等不下去了，你快挖開我的墳，將我背回家中，每天呼喚我的名字，三天後我就可以復活。只是我在陰間的日子沒滿，骨頭尚軟，雙腿無力，不能為你操持家務。」說罷正要離去，又回過身來說：「我幾乎忘了。陰間來追我時怎麼辦？我在世時，父親傳了一道符給我，說三十年後可將它佩戴在我們兩人身上。」於是要來了筆，寫下兩道符交給王鼎。

王鼎送秋月出門後，立刻在她消失處向下挖掘，果然見到了棺材和那寫著字的石片，秋月的屍體沒有腐爛，仍和生前一樣，王鼎將她抱進屋裡，衣服便隨風化盡。王鼎將一張符咒貼在她的背上，再用被褥把她牢牢裹緊，自己將另一道符佩戴在身上，便把秋月背到江邊趕忙雇船回家。幸虧那天南風很大，才破曉就已回到了家鄉。

王鼎打開被子，連聲呼喚伍秋月的名字，夜裡抱著她就寢，屍體一天天有了暖意。三天後伍秋月果然復活了，七天後才能下床走路，換好衣服去拜見大嫂，身體輕盈地跟仙女沒有差別，但十步以上就得有人攙扶。人們見她這樣嬌弱，認為秋月身體有疾，但也因此更覺得她嫵媚動人。

伍秋月時常勸告王鼎：「你的殺罪太深，應該多積陰德，常誦經文，以表懺悔，否則恐怕會折壽。」王鼎素來不信佛，但從此皈依佛法，態度非常虔敬，後來果然平安無事。

故事解析

如果說《牡丹亭》說的是少女的成長，那麼〈伍秋月〉傳說談的就是男性的成熟了。杜麗娘為了跨越青春期，必須面對永恆少女的議題，而王鼎則必須處理「永恆少年」的原型。

從深度心理學的角度來看，故事並不是作者寫出來的，而是潛意識的內容透過作者的筆寫出來的，特別是那些經過代代傳頌的故事。我們知道，《聊齋誌異》雖是蒲松齡的創作，但內容並非無中生有，而是在事前作了許多採集的功夫，刻意蒐羅了來自各地的傳說，再經修改而成。這些能被我們熟記，而後講述出來的故事，往往呼應著我們潛意識裡的原型，若非如此，它們就會像其他萬千個故事一樣被我們遺忘。從這個角度而言，一個好作者絕不是透過「想」來創造故事的，而是透過內省逼近自己的潛意識，親近黑暗，記錄自我與他人的夢，探訪內在直到集體心靈深處。他們並非僅是創作者，更多時候，乃是原型經驗的傳遞者。

不是每段關係都會使人成長

故事開頭說了，王鼎的個性慷慨，勇武過人。本來他有一門婚事，但十八歲那年未婚妻卻先行過世，更使他縱情遊樂，毫不節制。兄長王鼐想另外為他找對象，他卻不肯。很明顯地，王鼎的功課不是別的，就是從不負責任的青少年轉變成一個穩重負責的男人。死去的未婚妻意味著陰性面的消逝，當我們內在的另一極消失時，兩極的動力就會跟著停滯，從而使整合無法持續。因此未婚妻之死同樣象徵著他在心裡上拒絕長大，拒絕跨越青春期的幼稚心態。王鼎只想當個永遠的年輕人，不負責任地遊戲人間。因此未婚妻並非真的死去，真正死去的是他持續成長的願望。故事想說的，其實是他對愛與承諾的輕忽，以及對進入親密關係的逃避。這一切都顯露出永恆少年的特徵。

哥哥王鼐是仁義君子、江北名士，性格正與王鼎相反。從此點而言，哥哥代表著他內心積極的那一面，亦即他拒絕面對的手足情結。他之所以拒絕哥哥的善意，就有著常見的手足對抗的心理。王鼐擔心他，急著為他再找新對象。換言之，哥哥認為只要有對象，只要弟弟被迫進入關係裡，他就有機會成長，事實不然。關係不會讓我們成長，深度才會。許多人以為只要結了婚，人就會長大，一如我們一直有「為母則強」，或男性結婚後就會自動變得有責任感這樣的想法。關係有時候只是避風港，用來逃避社會的眼光，或者只是依賴他人的方法，實際上關係更常讓我們退化，讓我們能夠舒服地安於某一個「角色」之中。易言之，不是每段關係都能使人成長。

推動冒險的不見得是勇氣，而是逃避

從王鼎每次出門就經年未歸的行為來看，他嚮往的是冒險，而非穩定。然而，外頭的冒險只是生命的一部分，如果把它當作生命的全部，那麼就注定令人挫敗。為什麼呢？因為推動冒險的有時不是勇氣，而是逃避——逃避面對幼時的自己與父母、內心對愛與關係的渴求，以及所有縈繞不去的恐怖經歷。有些女性是為了離家而結婚的，有些學生是為了與父母賭氣而出國求學的。悲憤確實可以化為力量，但這力量有時會反噬自我，成為中年以後的沉重負擔。它傷害的不僅是自己，也包含家人。

面對自我跟面對世界，究竟哪個更不容易呢？對性格內傾的人說是後者，但對王鼎這樣性格外傾的人而言則是前者。宇宙是均衡的宇宙，我們的生命亦復如是。王鼎就走到了這樣的轉折點。

這一天，他拒絕了哥哥的婚事安排，執意前往鎮江訪友。恰巧朋友出門，他就在旅館的閣樓住了下來。因為風景甚佳，一住就是半個月。他在夜裡夢見一位年輕貌美的女子上床與他同睡，兩人盡情歡愛，醒來後洩了精，頗感奇怪，但並不在意。只是連著三、四夜都是如此，終於引起他的懷疑。沒想到他突然從夢裡驚醒，發現那少女就在自己懷裡。王鼎只顧著歡愛，就算知道那是女鬼也不在意，趕忙就要跟她歡好。這下女鬼不高興了，覺得此人也未免太過疏狂。

心理治療的擺盪期

我們先前提到，鬼是死亡焦慮與陰影的化身。王鼎見到她後毫不害怕，還急著與女鬼纏綿。這裡我們要將王鼎的心態區分成兩個層面來看。首先，王鼎已經具備了面對陰影的勇氣。這是為什麼他能有這番奇遇的主因。面對陰影之難可以從心理治療的過程發現，當事人就算明白接納陰影的重要性，但卻會在晤談室裡千方百計地閃躲它。他們會在前一刻接受做出改變的邀請，下一刻又懷疑這是不是自己「想要」的？遺憾的是，治療並非只做那些自己想要的事，還得提起勇氣去做那些自己「需要」的事。個案會在質疑治療師缺乏效能，同時在質疑自己缺乏動力之間擺盪。與其承認和面對自己的陰影，不如暫時生活在這個尚可忍受的狀態。

只是陰影不會這樣放過我們，像故事裡的王鼎一樣，在他自顧自地遠遊訪友，飽覽山河風景的夜晚，它會在夜裡突然找上門來。但王鼎並不恐懼陰影，他提防著它，所以才會在纏綿時驚醒，直視著它後，這才發現陰影是位美麗的少女。

要求正名的女鬼

然而，王鼎雖然擁有直面陰影的自信，卻絲毫沒有「理解」女鬼的願望。以這種態度開啟的個體化注定不會成功。傳說裡的鬼之所以會現身為禍，往往是因為「含冤莫白」。用心理學的角度看，指的就是陰影要求得到正名，內在的需求希望得到傾聽。王鼎不打算了解陰影的內容與不被承認的渴求，而是將它視為可被隨意使用的物品或資源，長久以往，將會使人淪為陰影的奴隸，最終認同我們的黑暗面。《化身博士》裡的傑奇博士就將召喚海德視為重獲活力與精神的保證，沒想到海德日益茁壯，最終使變身藥水失去控制力，回過頭來吞噬了傑奇博士的自我（《故事裡的心理學》下冊）。這種將陰影視為「物」而非「人」的態度，就是看待王鼎心態時要注意的第二點。

於是女鬼在這裡開口了，她希望自己能被完整認識，而非當個身分不明的娼婦。如果王鼎在此處拒絕了女鬼的請求，漠視陰影欲求回歸的願望，那麼就會失去個體化的門票。女鬼告訴王鼎，她的名字叫做伍秋月，父親是一位深通《周易》的名儒。父親算出女兒壽命不長，因此未讓她許配給人。而是在她十五歲死後，留下「女兒秋月，葬不起墳，三十年後，嫁給王鼎」的預言。

很有趣的是，伍秋月與王鼎的未婚妻一樣，都是夭亡的少女。這難道是巧合嗎？

成熟意味著對自由與責任的充分意識

前頭提過，王鼎早夭的未婚妻象徵的是他拒絕持續成長的願望。因為婚姻有著整合兩極對立、付出愛與承諾的意義，因此婚姻在不同文化裡都有著神聖的意涵。但此時少女鬼伍秋月的現身卻接續了這個歷程。這無疑是來自潛意識的補償訊息，提醒王鼎必須返回原路，接續他半途而廢的旅途。她的出現因此意味著兩極動力的重現，王鼎必須把握這次機會才能重啟原先的成長。我們的內在同時存在著自我實現，以及停滯不前的衝突。這樣的矛盾正是人的特徵之一。我們無法像動物那樣靠本能生活，而是在本能之上又擁有自由意志的物種。所以自由才同時代表著責任及負擔。換句話說，自由從來就不輕鬆。比起擁有自由，負起責任，我們更常做的，其實是逃避自由，並將責任給讓渡出去。所以許多人就算長大了也只是變老，並沒有真的成熟，也就是充分意識到自己的責任與自由。

而那些我們拒絕處理的議題，沒有完成的人生功課，都會一再地回頭找上我們。如果我們屢屢拒絕這個本該完成的試煉，我們的人格就會被我們所拒絕的成長給殺死。我們會經驗莫名的憂鬱，後悔失去的可能性，嫉妒他人（甚至伴侶）的成功，卻未能反省其實拒絕機會的是我們自己。而在中年之後，我們已經沒有太多時間可以失去，但悔恨帶來的無力感卻深深壓垮了自己。我們覺得自己的時間停滯、體重失控、身材變形、想要被愛，感覺未來的人生路上只剩孤單。這種深深的、自覺有負自己的悔恨感，是所有負面情緒中最難解的，我們曾在〈南柯太守傳〉中提及這類存在性的內疚。不要輕忽實現自我的生命責任，在命運向我們發出邀請函時就應該要成為勇於上路的英雄，而王鼎在江邊的旅館就收到了這分邀請。

深入潛意識：女鬼的引領

聽完女鬼的身世後，王鼎這才知道自己和她有宿世姻緣，此後她夜夜前來，兩人的感情也日益深篤。某晚，王鼎想了解陰間的狀況，希望伍秋月能帶他去看看。伍秋月也答應了，帶著他造訪陰間的城市。沒想到王鼎在那裡見到自己的哥哥，正受到鬼差役的無禮對待，他們索賄甚急，哥哥希望王鼎能回家想個辦法。差役嫌王鼐話多，扯了他脖子上的枷鎖，王鼐一下就跌倒了。王鼎怒急攻心，拔起配刀，砍下了兩個差役的鬼頭。

遊陰間是真真切切的潛意識之旅。女鬼既是陰影，也是阿尼瑪的象徵。王鼎與伍秋月的情感日漸升溫在前，遊陰間的行動在後，說明他與自己的內在心靈逐日建立起深刻的關係。阿尼瑪與阿尼姆斯是我們開展親密關係的入口，此後的王鼎不再遠遊，而是待在閣樓裡等著伍秋月，這是男主角向外的冒險心漸次讓位給內在探索的證明。在狐仙傳說裡我們提過，阿尼瑪是男性內在的女性靈魂，我們不能存心駕馭她，但也不能讓她所駕馭。這是為何先前當伍秋月表明自己的身分後，王鼎急著想和她親熱卻被她給拒絕的原因。她告訴王鼎「以後的日子還長，何必急於今宵？」當女鬼已從夜裡的夢境給意識化，成為了抱在懷中的少女，王鼎就必須學習與阿尼瑪保持更健康的距離。如此一來，他才可能藉由阿尼瑪的協助進入心靈的更深層。

希臘神話裡的奧德修斯歷經十年戰役，終於夷平特洛伊返鄉，但卻因為觸怒海神而漂泊大海。在他失去了所有船隻與弟兄後，僅存的座船與水手被打到了不知名的小島上。他們灰心喪志，任憑痛苦咬齧他們的心，就在最落魄失意的時候，他遇見了女神瑟西。天神赫密斯告訴他，不要拒絕女神的床鋪，但在她想施咒作亂的時候拿出你的利劍，逼她向天神發誓再也不害人。為什麼呢？因為阿尼瑪既能害人也能幫人。如果沒有瑟西，就無人可以指引奧德修斯前往冥府的路，在那裡，他將遇見死去的先知泰瑞夏斯，後者會指引奧德修斯迎向未來的命運。然而，奧德修斯在折服瑟西之後並沒有馬上得到指引，而是在兩人溫存歡好了一年後，瑟西才告訴他前去冥府和召喚幽魂的方法。

而王鼎與伍秋月的日漸親近便與此相當，唯有拿捏好與阿尼瑪的關係，亦即處理好親密關係的議題後，我們才可能領悟深入潛意識的方法。愛之所以意味著沉降，或者指向了沉降，其意便是如此。我們在愛中經驗到完整，或者完整的可能性。「愛恨情仇」四個字的連用畢竟有其道理，因為完整包含了黑暗面。沉降（亦即深度的開展）之所以會接續在關係之後發生，正因深度需要夠長的時間才能醞釀和體會。個體化與愛之間有著千絲萬縷分不開的關係，此又一例。

與死亡焦慮對抗

終於時機成熟了，王鼎如奧德修斯那樣提出了前往陰間的請求。伍秋月立即同意。而就在陰間的城市裡，王鼎意外地遇見了自己剛死去的兄長。驚訝之餘，鬼差的貪得無厭讓他起了殺念，他殺死了兩個鬼差，並在伍秋月的幫忙之下逃跑。這是王鼎第一次入冥。哥哥順利復生之後，思念伍秋月的王鼎又回到江邊的閣樓，但她已經被陰間的差役抓走，於是他返回冥府拯救伍秋月，途中又殺了兩個對她居心不良的鬼差，這是他第二次入冥。

這兩次入冥的動機並不相同，第一次是因為對冥府的好奇，易言之，對死亡的好奇；第二次則是為了尋愛。我們先談前者。第一次入冥時他遇見了兄長王鼐，兄長的幽魂給予他的是死亡經驗的震撼。作為一個拒絕負責的永恆少年，王鼎對死亡的好奇已然暗示著他對自我的覺察來到了新的深度。前面已經提過，這是作為阿尼瑪的伍秋月送給他的禮物。手足與自己乃是同輩人，哥哥的死，無疑明示著死亡已經臨到了我這個世代。著名的心理學家阿德勒在五歲的時候就有過類似經驗，他的弟弟因為罹患白喉死在他的床邊。這激發了他未來要成為醫師的動力。他認為自卑感與追求卓越是人內在的固有動力，從此點出發，我認為他所謂的自卑或許可被解讀為人類在死亡面前的無力感。

記錄榮格一生的自傳體文章《回憶・夢・與省思》也談到了他的童年，裡頭滿是對於屍體、死亡、喪禮的回憶，難道這不是他長大後矢志追求宗教情懷，提出個體化與集體潛意識等理論的原因嗎？唯有透過對永恆的追尋，人才可能戰勝死亡。

王鼎之所以怒殺鬼差，正是這個原因。他尋求與死亡對抗，而非順從。特別是當鬼差羞辱他的哥哥時，他更加氣憤難當。傳說裡說「我哥是仁義君子，豈能被這樣綁著？」更別說鬼差竟在索賄不成後，故意拉倒王鼐作為懲戒。在這裡，鬼差就代表著死亡訊息本身，如果在世時多行仁義也無從抵擋死亡的羞辱，那麼人還有什麼方法可以不使自己在死亡焦慮前低頭呢？答案將在傳說的最後面揭曉。然而，他在此處要對抗的不僅只有死亡，還有那個遊戲人間的自己。他以佩刀砍下的鬼差頭顱正是殺死幼稚自我或面向過於單一的有限自我的象徵。這一點我們在〈愛麗斯夢遊仙境〉（見《故事裡的心理學》上冊）裡曾經討論過。生命有限，禁不起荒唐。他的動怒，是在與過去拒絕長大的自己分手。隨著鬼差之死，他那持續成長的願望而今又甦醒了過來。

死亡意象的起因

王鼐復活後，家人無不驚駭。這表明王鼎的個體化歷程是在祕密中進行的。如果一個人正在轉化，他就需要保守這個祕密，才能爭取充分的時間來發展或者癒合受傷的自我。我們因此會需要一段獨處的時間，用來拒絕社交的藉口。哥哥的復活是他擺脫永恆少年的證明，象徵著他重新意識到自己的家庭關係和成長的責任，更象徵著他成功地守護了自己內在積極性的一面，並將之整合進原先單調的自我之中，因此王鼎的心理時鐘又開始運行，現實世界也跟著運轉。因此家人真正驚駭的是王鼎突如其來的轉變，但改變並不會突然發生，它永遠是長期醞釀的結果。人之所以需要學習獨處，正是此因。作為父母師長的人若能明白此點，就能對孩子與學生的隱私表達出足夠的尊重。

當自我表現得過於單一，亦即過於認同某一個面具或身分時，潛意識就會相應地產生補償的機制，讓當事人經驗到對立，而死亡意象就是當中最常見的。那些荒唐過日子的人，往往就受到死亡意象或死亡衝動的吸引。當此意象或衝動被投射出去，可能呈現出一種病態的虐待欲；反之，就會飽受自殺意象所苦。它的目的之一是提醒當事人注意事物的另外一面，目的之二則是要藉由死亡的象徵來打破太過僵硬的自我認同。而王鼎入冥拯救兄長也有這樣的意味，入冥意味著死亡，兄長之死則如前所述，更是死亡焦慮的直接侵襲。人如果要免於死亡意象的威脅，沒有其他方法，非得同化那些我們原本排斥的情結或黑暗面不可。否則就得以高焦慮的方式逐步自我限縮，嚴重者甚至會因此罹患身心症狀。

舉例來說吧！剛從大學畢業的青年人在面臨求職的困難和職場上的現實面後，不是可能出現某些怨懟的情緒嗎？畢竟現實生活與課本上的理想千差萬別，而信箱裡的帳單可是從來不缺席遲到。原先高舉理想的自我，可能就會遇上金錢情結的麻煩。庸俗的銅臭站在青年人的對立面，淪為了理想我的陰影。如果這時公司或體制提出了不合理的要求，希望我們拋棄某些原則，這時當事人的自我就會經驗到死亡的威脅。接受的代價就是理想自我的死去，但不接受又會如何呢？現實永遠有效，帳單還是得繳。

現實與理想的兩難

成熟的人會逐步克服這種兩難，或者採取折衷的信念，捉大放小，同時接受也拒絕部分的要求。或者在過程中用更加變通的方式協助體制改善不合理的作法。完全認同現實從而變得世故（從此例來說就是拋下原先立場，完全擁抱金錢與物質至上的價值觀），或完全拒絕現實變得益加憤世嫉俗，都不是健康的做法。好的成長是越趨完整，而非反之。因此要想擴大自我認同的範圍，非持續深化意識的覺察不可。王鼎的入冥與救兄，就是成功拒絕了黑暗（亦即冥府鬼差）與解開內心的手足情結（亦即王鼐）之舉。

他第二次進入陰間，是為了拯救被冥府扣留住的伍秋月。鬼差戲弄著她：「都成犯人了，還想守貞操嗎？」王鼎見了又是怒不可遏，一刀一個，又殺了兩名冥吏。這次的拯救任務，不僅是對幼稚自我與黑暗面的再一次拒絕，同時也是對死亡衝動甚至死亡崇拜的拒絕。

以尋愛對抗死亡陰影

死亡崇拜是人最深的陰暗面。一個人如果不懂愛，不懂得透過愛來理解生命，那麼就會從生命的對立面來理解它。對屍體的愛戀，對肢解、破壞生命的好奇，無不是如此。孩子會透過殺死小昆蟲或小動物來理解牠們體內藏著什麼祕密，這個祕密就是生命的奧祕。一個健康的孩子難免會用不同的方式來理解生命，而隨著年紀的增加，他們將學會透過愛與建立關係的方式來參與進生命裡。反之，如果不能透過愛的結合來理解生命，人就容易感到憂鬱、壓抑與孤獨。在臨床的觀察中，意圖殺人或自殺者的背後有時就有這種情緒，因為不能以愛的方式來理解生命，只好透過死亡或破壞性的手段來理解它，其結果自然是令人遺憾的。

伍秋月被王鼎拯救的那一刻，王鼎也被自己拯救了。此時的伍秋月象徵了受困在死亡陰影中的阿尼瑪，唯有堅毅果決的自我意識能夠援救她。我們在此處又見到了〈聶小倩〉故事的影子。有些陰影說什麼也無法被整合，人只能堅決地予以拒絕。無法拒絕它的人，就會失去愛（的能力與對象）。尋愛的勇氣，亦即追求完整所帶來的勇氣，正是人用以抵敵死亡陰影之壓迫的強固動力。他的第二次入冥因此代表著愛與死亡的交手。

這兩次入冥的過程暗示著我們，人如果要擺脫原先單一的自我面向（不論是青少年或面臨空巢期的父母，甚至是即將出社會的年輕人或要退休的老年人等都是如此）而成長，就要先能接受死亡意象，而後再有意識地拒絕它。接受死亡意象是需要透過它的幫助來使那單一的自我能被推翻，拒絕它則是為了避免讓自己崇拜死亡並落入黑暗。王鼎成功地做到了這一點。

愛穿越生死，在明暗的交會處立足

經歷這一切後王鼎突然從夢中醒來，沒想到，伍秋月已經在他身邊了。原來這不是夢。伍秋月急忙告訴他，雖然離自己的復生之期還有三天，但事出緊急，已經顧不了那麼多了。伍秋月留下父親教她畫的兩張符咒，又要王鼎速將自己的屍身挖出帶回，每天呼喚她的名字，三天之後就可復活。王鼎照著做了，日裡連聲呼喚，夜裡抱著她就寢，三天後果然甦醒。

伍秋月的復活與杜麗娘的復活有異曲同工之妙，其原因皆肇始於愛的願望。王鼎對著秋月的屍身連聲呼喚，呼喚正是愛的行動。父母喚著孩子，戀人喚著對方。愛的呼喚穿透了生與死的距離。父親留給伍秋月的符咒即是結界，目的是確保這一切在莊嚴的場域裡發生。愛與神聖因此相連。王鼎抱著屍首就寢並未流露出任何死亡崇拜的意義，讀者們感受到的反而是愛的不相背離，這一切意在言外。生者與亡者的相擁，象徵著光明與黑暗的交會。愛就在此處立足並誕生，伍秋月也因此還陽。還陽的鬼妻意味著王鼎與自己的黑暗面，出遊不歸的永恆少年與他原先想要逃離的家庭羈絆產生了不可分的連繫，王鼎終於迎來了有意義的成長。

從性到愛：成功整合對立的永恆少年

故事的結局說，還陽後的秋月常勸告王鼎念經懺悔積陰德，原先不信教的王鼎在她的影響下潛心向佛，平安度過了一生。在此處，王鼎第一次入冥時的疑問終於得到了解答。如果行仁義也不免死亡陰影的羞辱，那麼在死亡焦慮面前，人又當如何？傳說故事提供的解答，是對內在神聖的覺察。

中國的儒教是入世的宗教。孔子用「未知生，焉知死」這六個字替儒教的生死觀訂下了界線，結果就是讓死後的世界遺留下了廣大的知識空白。這是道教與佛教之所以能與儒教相得益彰的原因之一。因為儒教從不在此處與外教競爭。也因此，傳統儒家的知識分子很難抵禦死亡焦慮的侵襲，佛教信仰是許多人在四書五經外的皈依。佛，覺者也。能覺知內在的永恆與神聖，才能明白外在亦自有永恆與神聖。在這樣的一體性中，人的死亡焦慮因此消散。念經迴向，虔敬禮佛等行為暗示著王鼎的輕狂終於脫胎換骨，成為了內斂恭謹的人。

死亡焦慮使王鼎掙脫了永恆少年的原型，轉向更深的個體化之路。永恆少年的原型退去了，但不保證它日後不會復返。我在《故事裡的心理學》上冊〈彼得潘〉的篇章中雖然強調了永恆少年的死亡面向，但請讀者記住，每種原型都有著二元對立的特質。永恆少年的正向部分是使我們永保青春、靈性與單純。在這個日漸強調秩序、表單、SOP的現代社會裡，永恆少年的感性與輕快正是我們用來對生活保持好奇的保護。特別是對成功適應了社會規範的中年人，以及身體活力已然退去的老年人來說，永恆少年原型能使我們更加親近生命的本質樣貌。

王鼎聽從了鬼妻伍秋月的建議，潛心向佛。易言之，擺脫了陰影要素的阿尼瑪（也就是復活後的伍秋月）讓自我得以接觸神聖，回歸自性。冥府竟從此不再追究此事，象徵著他此後不再受到死亡陰影的侵襲，也不需要透過崇拜死亡來理解生命的意義。自他在江邊閣樓遇見伍秋月的那一刻起，他對異性的渴念從生理的性逐漸轉為整體的愛，一路穿透了潛意識深處，與死亡陰影相逢。在陰間與人間之間的多次返還穿越，象徵著自我在不同對立面的反覆來回，從而促進了兩極的有益連結，這讓王鼎從疏狂變得內斂，而當中的關鍵或許是愛的意識的覺醒。愛使人成熟，使王鼎象徵性地戰勝了死亡。伍秋月的故事簡單卻深刻，與冥界亡靈的相戀傳說，映射出的是人類集體心靈對整合對立面的恆久嚮往。

小謝又引介了自己的弟弟三郎，拜在陶生門下。三郎約十五、六歲，容貌秀美，以一鉤金如意作為拜師之禮。陶生命他們三人一起念書，滿屋都響起了念書聲。

四、小謝（中國・《聊齋誌異》）

故事大綱

姜侍郎家的老宅有很多鬼魅，因為鬼鬧得凶，因此舉家搬遷，只留下僕人看門。但不管換了幾個人看門，守門人都會因故死去，只得廢棄不用。

有個名叫陶望三的書生素來風流，喜歡在飲酒時召妓，但每每在飲酒最盡興的時候就叫妓女離去，從不與妓女有染。朋友曾故意讓妓女勾引他，他也只是笑著拒絕。陶望三曾寄宿在姜侍郎家中，夜裡有個丫鬟來找他，卻被陶生所拒，因此姜侍郎格外敬重陶生。陶生家裡貧窮，又逢死了妻子，茅屋濕熱難耐，因此向姜侍郎求借老宅院一住。由於廢宅鬧鬼又死過很多人，因此姜侍郎回絕了。陶生遂寫了一篇〈續無鬼論〉獻給姜侍郎表明心跡，姜侍郎看他如此堅持，也就答應下來。

入住的那天傍晚，他將書放在房裡回家取東西。回來時書不見了。正在奇怪時，聽見了腳步聲，斜眼一看，有兩個女孩從房中走出，把弄丟的書放了回來。一個年約二十歲，一個年約十七、八歲，都很美麗。陶生靜靜地躺著不動，年長的女孩抬起一隻腳踹陶生的肚子，年輕的那個就摀著嘴笑。陶生頓時感到心神蕩漾，難以自持。趕緊端正念頭，不理睬她們。年長的那個又用手拉他的鬍子，輕打他耳光，年輕的笑得更厲害了。陶生猛然起身，喝叱道：「鬼東西，竟敢無禮！」兩個女孩嚇得奔逃。但陶生也不敢睡了，想搬回家去，又覺得先前把話講得太滿太丟臉，只好熬夜讀書。半夜睏極，才剛闔眼，就感覺有人在搔他的鼻孔。他打了個大噴嚏，只聽黑暗處傳來了笑聲。他不說話，假裝睡著等她們再來，原來是那個年輕的女孩在搞鬼，他跳起來罵她，那女鬼就逃竄而去。等他睡著了，她又來捅他耳朵，陶生整夜被擾得受不了，直到雄雞報曉才沉寂下來。

隔天晚上，陶生連夜做飯想熬通宵。年長的女孩慢慢走過來，看著陶生念書，趁不注意把他的書蓋上，陶生想捉她，她卻飄然離去。陶生繼續讀書，那女孩又過來用雙手蒙住他的眼睛。陶生罵道：「若被我抓到，就都殺了！」女孩毫不懼怕。陶生又說：「閨房裡的事我都不懂，糾纏我沒用的。」兩個女孩微微一笑，轉身幫他做起飯來。陶生誇獎道：「這樣不是比捉弄人更好嗎？」一會兒飯煮熟了，兩人又爭著把碗筷放在桌上，陶生說：「妳們這番情意令我感動，該怎麼報答妳們呢？」女孩笑著說：「酒菜裡都摻了毒藥了。」陶生說：「我們素無恩怨，何至於此？」盛上粥就給喝了，喝完後還要一碗，兩個女孩爭著幫他服務。陶生很高興，彼此也就漸漸地熟悉起來。年長的女孩告訴陶生，她的名字叫喬秋容，年輕的那位叫做阮小謝。陶生追問她們的來歷，小謝笑著說：「傻子，你自己都不敢露出身子，問我們的出身，難不成是想娶我們嗎？」陶生正經地說：「面對兩位佳麗，誰能不動情呢？只是陰氣上了人身必死，妳們若不願與我同住，可以離開。若是願意，大可安心住下。如果不被妳們所愛，我怎可玷汙兩位佳人？如果被妳們所愛，又何必讓我這個狂生送死呢？」兩個女孩深受感動，從此不再捉弄陶生。但時常將手伸到陶生懷裡，脫他的褲子，但陶生卻不以為意。

某天，陶生抄書未完就出門了，回來看到小謝伏在案頭接續他的工作，見到陶生後，笑著扔下筆。陶生看那字，雖然歪斜得不像話，但橫豎也還有一點樣子。陶生稱讚說：「妳也是個文人啊！如果願意寫字，我可以教妳。」就把小謝抱在懷裡，捉著手腕教她筆畫。秋容回來見到後，臉色很嫉妒。小謝笑著說：「小時候爸爸教過我，已經很久的事了。」秋容沒說話，陶生知道她的心思，也就抱起她，遞給她一枝筆道：「讓我看看妳會不會寫？」秋容寫了幾個字，陶生誇讚她：「秋容的筆力很好！」她這才高興起來。此後她們兩人拜陶生為師，陶生讀書時，兩個女孩就練字臨摹，因為有事可做，就不再打擾陶生了。字寫完後，很恭謹地請陶生賜教。秋容不識字，寫得亂七八糟，她自知不如小謝，所以很慚愧。但陶生對她殷勤誇讚，臉色也就開朗起來。

小謝的字愈來愈好，陶生偶而讚揚她，秋容就哭得傷心。陶生多番勸慰，這才好了。陶生又教她們念書，她們天資聰穎，過目不忘，常常和陶生通宵讀書。小謝又引介了自己的弟弟三郎，拜在陶生門下。三郎約十五、六歲，容貌秀美，以一鉤金如意作為拜師之禮。陶生命他們三人一起念書，滿屋都響起了念書聲。姜侍郎聽說後非常高興，派人按時送柴米過來。三個月後，他們都能作詩了，時常相互酬唱。小謝暗地裡叫陶生不要教秋容，陶生答應了；秋容也暗地裡叫陶生不要教小謝，陶生也答應了。

某天，陶生要去趕考，兩個女孩流淚送別。臨行前，三郎告訴陶生，此行恐有凶險，不如別去。陶生沒有答應。原來，陶生喜歡寫詩譏刺時政，得罪了顯貴。有人暗地裡賄賂學政，汙衊陶生品行不端，把陶生送進了監獄。陶生盤纏用盡，只能跟囚犯討吃的，料想自己無法生還。忽然有人自門外飄進來，原來是秋容，她帶來酒食送給陶生，兩人相對而泣。秋容說：「三郎寫了狀紙，已經去替你申冤了。」而後飄然離去，誰也沒看見。

隔天，巡撫出行，三郎攔路申冤。秋容入獄告訴了陶生，返身又去探聽消息，但三天都沒回來。陶生憂愁飢餓，度日如年。忽然小謝來了，她悲傷怨恨，告訴陶生：「秋容回家時經過城隍廟，被廟裡的黑判官給抓去了，逼她為妾。秋容不肯，現在也被關了起來。我跑了百里路，腳心被荊棘刺傷，難以行走，恐怕不能再來了。」陶生看她的腳，果然被鮮血染紅了鞋襪。小謝拿出三兩銀子給陶生，就一拐一拐地走了。

巡撫正要詢問三郎，沒想到三郎撲倒在地消失不見。巡撫察看狀詞，內容非常感人，於是提審陶生，問三郎是他什麼人。陶生裝作不認識。巡撫懷疑案情有異，於是放了陶生。

陶生回家後，整晚見不到一人，直到深夜，小謝才出現。她悲戚地說：「三郎在巡撫衙門裡被門神給捉到地府去了，閻王爺嘉許他仗義勇為，令他投胎於富貴人家。秋容被關了很久，我寫狀子給城隍老爺，卻被壓下無法上達，怎麼辦呢？」陶生憤恨地說：「老黑鬼怎敢如此！我明天推倒他的塑像，列舉罪狀責問城隍爺，他的屬下如此荒唐，他難道毫不知情嗎？」兩人悲憤相對，四更時，秋容竟然回來了。她流著淚說：「這回我真為你受盡苦頭了。判官每日用刀杖脅迫我，我總不屈服。今夜突然放我回家，說：『我只是因為愛慕妳，沒有別的意思。既然妳不願意，就煩妳轉告陶貴人，請他不要怪罪在下。』」陶生心中欣喜，想與她同寢，說道：「今日願因妳而死。」兩女悲傷地說：「先前受您教導，才懂得一些道理。如今怎能因為愛你而傷害你呢？」執意不允。三人臉貼著臉，情同夫妻，因為此難，兩女原先的嫉妒之心也都沒了。

不久後，有位道士與陶生在路上相遇，道士端詳著陶生的臉：「閣下身上有鬼氣。」陶生便對道士和盤托出。道士說：「這兩個女鬼是好鬼，你不要辜負了她們。」於是畫了兩道符交給陶生：「回去交給她們，看誰的福氣大。如果聽到外面有人在哭女兒的時候，請她們吞下符咒趕緊跑出來，先跑到的就可以復活！」陶生拜謝，將符咒轉交兩位女孩。過了一個多月，果然聽見有人在哭女兒，兩個女孩爭相奔出。小謝一時心急，竟然忘了吞符，只能看著秋容往靈車奔去。小謝失去機會，哭著回來了。陶生出門一看，原來是大戶人家郝氏在給女兒送殯。眾人看見一個女子跑進棺材，正在驚訝，裡頭竟然傳出聲音來。打開一看，女兒已經復活了！家人圍著問，女兒回答說：「我不是你女兒！」以實情相告，但郝氏並不相信。想把她抬回家中，但女兒不肯，直奔入陶生家中不願走。於是郝氏便認了陶生為女婿。陶生走近面前看，郝氏女與秋容雖長得不同，但光彩不在秋容之下，他大喜過望。但嗚嗚地聽見有鬼在哭，原來是小謝。不論陶生怎麼安慰，小謝還是難過異常，天亮前才離去。

天亮後，郝家派人送來嫁妝，成了翁婿。但入夜後又聽見小謝在哭，一連六、七夜，秋容說：「道士是個神仙，你再去求他，或許能有機會挽救。」陶生找到道士住處，磕頭請求，道士一再拒絕。陶生哀告不止，道士笑說：「這書呆子真夠纏人！看在你我有緣，且讓我大展身手。」他要了一間安靜的居所，告誡陶生不要進門，連著十多天不吃不喝。悄悄過來偷看，只見他閉著眼睛像睡著那樣。某天早上，有個少女進來了，明眸皓齒，十分美麗。她微笑著說：「終日奔走，我累極了。奔馳到百里之外，才找到一副好身體，等見到那女鬼，我就交給她。」天黑後，小謝來了，少女馬上起身抱住她，兩人一下合為一體，倒在地上。道士從房間走出來，拱手離去，陶生趕忙送他，回來後，女孩已經甦醒。

後來陶生應試得官，有個叫蔡子京的人與他同榜。他有事拜訪陶生，在他家住了幾天。偶然看見小謝，急忙跟上，小謝趕緊迴避，暗中氣他舉止輕薄。蔡子京告訴陶生：「有件事太讓人驚訝了，可以跟您說嗎？」陶生問是何事？他回答：「三年前我的小妹死去，死後兩夜，屍首竟然失蹤了，至今還在疑惑思念。剛才見到您的夫人，長得非常酷似我的小妹啊！」陶生笑說：「夫人怎比得上令妹呢？我這就叫她出來拜見！」小謝穿上當日入殮的衣服出來，蔡子京大驚：「這是我的小妹啊！」說著就哭了起來。陶生把始末說了一遍，蔡子京高興地說：「原來小妹沒死，我要趕快回家告訴父母。」隨即離去。過了幾天，蔡子京一家人都來了，後來，兩家往來如同郝家一樣。

故事解析

如果我們不把這篇傳說視為潦倒書生對齊人之福的情慾投射，而是集體心靈所孕育的產物，那麼我們就將遇見分析心理學的理論難題：究竟阿尼瑪能否以超過一人的方式出現在我們的夢境？

男人花心、女人專情？

榮格以為，男性內心的阿尼瑪只有一個，這肇因於男性在意識層面的多妻傾向；反之，女性內在的阿尼姆斯往往在夢裡會以複數形式出現，這則源於女性的專一態度。如果我們仔細思考，就會發現這樣的推論源於榮格本人的時代與性別偏見。而這樣的說法，似乎也在指出阿尼瑪與阿尼姆斯更像是潛意識的一種補償態度，而非原型。更不用說，如果阿尼瑪與阿尼姆斯是集體潛意識中的原型，那麼不論男女，其內在都應該同時具有這兩種原型才對，為何他們獨獨只在單一性別中出現呢？

這一切，都讓我們在探索阿尼瑪與阿尼姆斯的問題時出現了很大的誤區。榮格是憑藉著個人的經驗逐漸完善分析心理學理論的。他用自己的語言建構了人類心靈的地圖，因此概念的發展過程中會出現縫隙與漏洞並不讓人意外。畢竟心靈並不是一臺有著不同組件的機器，它是由彼此互相滲透的元素所組成的渾沌。

阿尼瑪與阿尼姆斯這樣的概念是否仍然有效是我們要釐清的第一件事，否則大可以取消不用。我的觀點是肯定的。阿尼瑪與阿尼姆斯是我們生理性別的對立極，使用這組概念不僅可以深化我們對自身的理解，在臨床實務中，個案的夢境也常出現阿尼瑪與阿尼姆斯存在的證據。更不用說此概念的使用可以使我們在伴侶關係中看見許多有價值的寶物。

其次，阿尼瑪是否只會單獨出現，阿尼姆斯是否總是以複數形式出現呢？這點我想答案是否定的。後者單獨出現的比例高得驚人，前者也會在夢境中以複數形式現身。我在晤談室裡的經驗或有不確之處，但此觀察想來亦不至於離譜才對。

第三，阿尼瑪及阿尼姆斯是人人心中都有的原型嗎？還是分屬於不同性別？答案顯然是前者。女案主的夢境也很常出現阿尼瑪這類陌生的神祕女性，她們總會在案主生命出現轉折處時現身，這點並非男性的專利。男性的夢裡同樣也會有阿尼姆斯存在。這讓我確信，阿尼瑪／阿尼姆斯是一組成對的原型，不分男女，人人有之。

因此故，〈小謝〉傳說中的兩位女鬼就有了獨特的地位，因為她們是以複數形式出現的阿尼瑪，分別象徵著女性的不同形象。而她們的先後復活，更為我們指出整合阿尼瑪的先後順序。以此故事作為冥戀傳說系列的終點，我想是再適合不過了。

否認有鬼：對自身黑暗面一無所悉

故事是這樣開始的。鬧鬼荒廢的老宅暗喻著破敗的心靈，我們在狐仙傳說〈青鳳〉中已經見過同樣的象徵手法。陶望三素來風流，喝酒必召妓，但從來不與妓女有染。由於家貧，又逢妻子過世，燠熱的茅草屋裡說什麼也待不下去，因此想跟姜侍郎借住那間鬧鬼的老宅。姜侍郎不肯，他便寫了一篇〈續無鬼論〉獻上，顯現其疏狂形象。

〈無鬼論〉的典故出於《搜神記》裡頭對阮瞻的記錄，他素來秉持世間無鬼論，常詰問那些相信有鬼的人說：「大家都說鬼會穿著生前的衣服出現，如果人死後有鬼，難不成衣服死後也有鬼嗎？」因此無人能反駁他。某天，有客人來訪，非常能言善道，雙方談天論地，直到談到鬼神之事時，客人才被阮瞻駁倒。困窘的他生氣地說：「鬼神之事是古今聖賢都肯定的，你何以堅持說沒有呢？」於是變成了鬼的模樣，須臾之間消失了。原來客人是個鬼！阮瞻大驚後病倒，一年多後死去，得年三十。關於無鬼論的傳說還有其他不同的版本。但內容大同小異，劇情無非是某人堅持世間無鬼，結果遇到真鬼前來辯論詰難，鬼因為理屈而現出原形。

什麼是鬼？我們在此系列的開頭中已經討論過，「人所歸為鬼」，鬼是人類生命狀態的接續，但屬性卻完全不同。生人屬陽，死者屬陰。用心理學的話來說，鬼就是我們意識所排斥和拒絕的未知面向。堅持世間無鬼的陶望三，不正是否認意識以外還有潛意識，自我以外另有本質的現代人嗎？阮瞻之所以遇鬼，正是因為他否認了陰影的緣故。陰影無處可去，只能回頭向他宣示自己的主體性。結果他卻被這個一無所悉的黑暗面給嚇病了，甚至就這樣死去。

如此說來，陶望三的貧困不是應當的嗎？他的貧困是心靈的貧困。因為他堅守意識的狹小領域，結果落得妻子死去，自己獨居茅草屋的窘境。妻子之死已然暗示著他陰性能量的全面隱退，鰥居的男人正是陽性心靈發展過頭的象徵。老去的國王，沒有王后的王國，以及只有王子卻沒有公主的宮廷，童話裡也常用這樣的比喻來象徵陳腐獨斷的人格。

他的風流與惜身，說明他愛護名譽甚過一切。風流卻清高，有什麼比這個更令當時的中國文人所嚮往呢？他日後因寫詩譏諷朝政而遭陷害，也同樣由此而來。那年夏天，陶望三再也受不住破茅草屋裡的燠熱，易言之，他的人格再也禁不起陽性心靈的燒灼，而象徵著意識與潛意識交界的荒廢宅院便是他原先偏執心靈的修復之所。一如桃樂絲（見《故事裡的心理學》下冊）必須藉由龍捲風遠離長年被太陽烤晒得灰撲撲的堪薩斯州，她和稻草人、錫樵夫、膽小獅及小狗托托打倒西方女巫的旅程，就是這個小女孩整合自己的過程。

阿尼瑪的誘惑

不信鬼的陶生在入住第一天就遇見了女鬼，而且一次兩個。她們屢屢逗弄陶生，目的是要勾發他的情慾，誰想陶生竟都忍了下來。讓我們回想聶小倩的故事，她與寧采臣之間也維持著這個女追男跑的模式。美麗的女鬼誘惑著堅持獨身的男性，這樣的情節並不只是書生的輕薄幻想，更是陰影試圖引起意識自我之注意的象徵。那些未準備好就急著接受的人或者被夜叉吸乾了血，或者是在此處死於不知名的原因。寧采臣拒絕了小倩，也拒絕了黃金，所以取得了和阿尼瑪達成有意義結合的機會，而陶望三的情況卻不盡然如此。相較於寧采臣的剛直，陶望三則如前述，有著貪好聲名的毛病。所以故事裡才說他想半途而廢，卻又怕被人恥笑不敢直接離去。因此在拒絕女鬼性誘惑的同時，他也在和自己虛榮的自我相互拉扯，他企圖讓自己睡去，但陰影卻逗弄他起來正視自己。

隔天晚上，他決定熬夜做飯來對抗。正讀起書時，兩個女鬼又來了，他怒罵道：「若被我抓到，就都殺了！」沒想到女鬼絲毫不怕。他只得求饒似地說：「閨房之事我都不懂，纏著我沒用。」顯然他很清楚兩個女鬼要的是什麼？她們想要與陶望三發生關係。用心理學的話來說，就是陰影希望與人格面具取得接觸，但陶生卻不願意。對他來說，聲名比接觸重要，他寧願熬夜與鬼相處，也不能受人恥笑。

至於屈服在女鬼的誘惑之下，更是對他清譽的損害。不要忘了，正是他拒絕與姜侍郎的侍女私通，才取得了姜侍郎的敬重。

兩個女鬼像是懂得了什麼似的，共同微微地一笑，轉身就要幫他做飯。這是陶生與阿尼瑪取得和解的重要時刻。阿尼瑪不再苦苦相逼，而是發揮她擔任潛意識嚮導的才華。阿尼瑪的靈巧顯現在聶小倩託名兄妹的逐步接近，也顯現在兩個女鬼的微笑轉身。性是手段，愛與整合才是目的，她們的退讓將鬆動陶望三原先固執的意識自我，從而為彼此開展出更多可能性。

從排斥對立到真誠回應：光影的初步和解

這便是潛意識的神奇作用。它不僅如榮格所說，主要是作為一種補償功能而存在。同時潛意識本身也是有智慧、有主體性的，它能主動地調節原先的作法，使意識自我得到接引和轉變的機會。正是在此時，陶生才突然明白了什麼，誇獎她們道：「這樣不是比捉弄人更好嗎？」當兩個女孩將粥盛上來時，他深深地感謝她們的情意。兩個女孩騙陶生說粥裡摻了毒藥，陶生卻大方地回答：「我們素無恩怨，何至如此？」然後一口將粥喝盡。兩個女孩因此爭著為他再盛一碗，胡鬧的舉動也因此少了很多。

比起此前的對立與排拒，陶望三在那一刻展現出截然不同的做法。他表達感激、真誠回應，而感激與回應正是愛的行動。然後他將自我敞開在兩個女鬼面前，將可能摻有毒藥的粥給喝盡。陶生以身試毒，目的是展現他具備了進入黑暗的勇氣，他無懼拋棄生者的身分，也就是光明的面具，飲毒而死，亦即成為死者與黑暗的一分子。原先敵對的光明與陰影在這一刻取得了初步的和解，她們的姓名也才能得到揭露的機會。

陰影的界線

日子漸漸過去，人鬼之間也熟了起來，原來女鬼也有名字，分別是喬秋容與阮小謝。只是問起家世，她們不願多說罷了。易言之，陰影起自於無名，無法溯源，無法探清。我們能做的，只是給它一個名分，藉由名分使它得到被正視和接納的機會而已。作為男主角，陶望三的高明之處就在於他並沒有繼續追問下去，而是在知道了她們的姓名後進一步為雙方畫分出應有的界線，這反而為日後的整合取得了良好的基礎。

師生及親子關係不也相同嗎？有些父母師長為了搏得孩子與學生的信任，急著放掉長輩與照顧者的權威，希望能和他們以平起平坐的方式來建立情感。若真如此，孩子如果將同儕間常見的嘻笑打鬧用在爸媽或老師身上時，我們要怎麼回應呢？界線的建立不僅是隔閡而已，同時也是保護。母性原則是愛、包容與接納，但若以母性立場為尊，丟棄了父性原則中的自律、責任與尊重，那麼在教養中肯定也有許多事會行不通。我自己就常遇見青少年孩子把老師當同學的情況，他們會直接略去姓氏，對著老師叫他們的名字。當我問他們，你們也是這樣直接叫父母親的名字嗎？他們的答案都是否定的。

換句話說，孩子很清楚界線的分野，他們是刻意用這種方式在拉近與老師的距離。這點並沒有錯。但未能及時提醒界線的老師卻可能會在日後遇見難以處理的教育情境。因為師生關係不會永遠平靜無波，當中必然會涉及到需要指正與揪錯的時候。那時老師們會不會覺得有窒礙難行的地方呢？不可諱言，有部分老師很能處理這種「朋友／師生」角色快速轉換的情況。但有些老師還是會在這裡卡住的，不容易這麼做的老師們，還是要提醒學生注意一下自己的用語才好。學生們不會因為這樣就討厭老師，真正的尊敬是正直的行為與關愛所換來的，而不是師生彼此稱兄道弟。

整合陰影的四大階段

陶生告訴秋容與小謝，人鬼殊途，如果她們愛他，就不應該與他親近以免傷害到自己；如果她們不愛他，他又怎能行下流之事呢？也就是說，陶望三首先區分了人鬼的分野，然後以愛為名，要求彼此尊重。光明與黑暗各有其所，所謂的整合並非讓任一端消失無蹤，而是在「看見」對方存在，「承認」對方存在之後，試著保有這分複雜，然後「忍受」它帶來的痛苦與麻煩，然後我們才能去「接納」對方的存在。最後我們需要一點運氣，才可能在接納之後再向前一步，走向整合。整合是動態的過程，每次的整合都會帶來新的陰影，因此個體化永無止境。

陶望三從不信鬼到知道有鬼，這是「看見」了陰影的存在；從喝叱詈罵到互通姓名，是「承認」了陰影的存在；他花了很長的時間任憑她們捉弄自己，這是「忍受」陰影的存在；最後，他明白告知人會受鬼氣所害，如果互愛，應該為對方著想，他不願傷害兩個女孩的名節，她們也不願侵害他的生命，這是「接納」對方的存在。於是陶望三原先狹隘的心靈，就在這座廢棄的老宅裡逐漸地豐盈起來。

人際間的合作與競爭

兩個女鬼開始跟著陶望三學習寫字，她們相互吃起對方的醋，象徵著兩個不同的阿尼瑪形象在陶生的心裡頭競爭。她們跟著陶生學字讀書的過程，就是與意識逐漸交流的過程。從不識字到識字，也象徵著潛意識裡的阿尼瑪正逐漸被意識化，漸次擺脫陰影的色彩。隨著陰影的脫落，她們的阿尼瑪形象也會愈加明朗，甚至在故事末從象徵變成了活人。因而從心理學的角度看，此段乃是為日後的復活埋下伏筆。

陶生同時答允了雙方，不要再教對方新東西。身為教育工作者，不得不說陶望三是一位用心的老師。學生之間彼此確實會有競爭關係存在，如何讓學生或手足能夠合作又競爭是一件頗困難的事。當代有多人強調同儕競爭的害處，然而競爭還是有良性與惡性的區別。好的競爭會同時提供壓力與樂趣，壞的競爭則只帶來自大或自輕，價值觀也會受很大的扭曲。陶生同時答應了兩者，就讓雙方都覺得自己是最受肯定的學生。希望自己獨特、希望自己受重視，這是每個人都有的渴望。孩子身上更是強烈。他沒有直接對秋容與小謝說教，而是肯定她們想被看重的需求。

完整必然包含著惡，我們可以說陶望三說謊，但就其目的而言，卻是個帶著善意的謊。一個整合程度高的人，往往更容易面臨這種道德的衝突。而那些總是「善其所善，惡其所惡」，亦即只喜歡自己所喜歡，並討厭自己所討厭的那些人則活得較為片面。把人當成一種簡單的存在確實容易多了，這讓我們可以迴避焦慮，把所有與自己想法不同的對象單純化為「笨」或「壞」，或者以這則傳說在開頭的象徵方式來說：「鬼」並不存在。

當我們否認他人的複雜的同時，我們也就否認了自己生命的可能性。他不可能是好的，而我也不可能是壞的。然後我們生命的其他面向就會隱入黑暗，我們對世界的認識也會因此被包裹在層層的投射裡，與實相愈離愈遠。人因此變得淺薄而片面，這樣的「無知」狀態背離了覺察，亦是惡的根源之一。但那個原來自詡清高，否認有鬼的陶生，亦即拒絕黑暗與陰影的窮書生，現在卻開始涵容並允許惡的存在。他不僅承認有鬼，也接受了有上進善良的好鬼，這是他在整合路上持續前進的證明。然而，允許惡的存在並不代表我們已經整合了陰影，因此陶望三才遇上了接下來的牢獄之災。

陰陽界共享的倫理觀

不久後陶望三前去參加科考，他離開老宅之行，象徵著自潛意識的回歸，也就是說，他開始謀求與外界再次接觸。他不聽三郎的勸離開兩女，離開了老宅，後來果然遭難。三郎的建言象徵著潛意識對尚未完成整合議題的陶生所發出的警告。他過去對虛名的愛好如果沒有修正，在現實的名利場中必然受到反噬。果不其然，他不僅沒有機會應試，還因為喜歡寫詩譏諷權貴而淪為階下囚。他的陰影依舊蠢蠢欲動，因此他才會屢次譏諷權貴。如果不是我們自身有未處理妥當的情結，恐怕不會這麼頻繁地看到他人的過錯。事實上，每件事情都有正反兩面，一概而論地去認定某些事或某些人永遠只具有惡的面貌，這正是陰影的拿手好戲。它讓我們對是非善惡的判定變得如此輕鬆而自然，讓我們永遠可以因為處於「正確」的一方而感到心安，或變得義正詞嚴。每想至此，我就會檢討自己是否曾得理不饒人，又為了哪一件事而自以為正義？深度心理學就用這種方式提醒我們持續去反省。

幸虧三郎前去為他申冤，而聰明的巡撫因狀詞感人，三郎又倒地不見，知道當中必有冤屈，畢竟鬼神不會無端現身。相較於巡撫的明察秋毫，冥府的閻王也同樣深明事理，決定讓三郎這個好鬼能去好人家裡投胎成人。在這裡我們看見的是古人宇宙觀的整體性。陽間的巡撫會因鬼神的投訴而重審舊案，陰間的閻王也會因為三郎在陽間的義舉而給予嘉勉。在我看來，這裡傳遞的並不是迷信的宗教觀念，而是一種深具整體性的倫理觀點。易言之，陰陽兩界雖然有區隔，但卻共享同一種價值。我們在異婚傳說裡曾經反覆提到，古人認為倫理是跨物種的；而冥戀傳說則告訴我們，倫理也是跨生死陰陽的。

母親與少女：秋容與小謝的女性意象

秋容與小謝各自象徵著不同的阿尼瑪形象，我們從傳說裡的描述裡可以發現，年紀較大的秋容比較接近母親形象，一個滋養、溫暖，能提供安慰的女性；而小謝則聰明、嬌弱具知性。先談前者，秋容回應了陶生的詢問，介紹她與小謝的姓名，同時也是她在陶生被捕之後帶著酒食去探望了陶生。易言之，她回應著陶生，也不忘照顧著他。陶生雖然屢屢拒絕兩位女孩的性邀請，但最後他卻因受秋容的堅貞所感動，想與她同寢，換句話說，秋容散發出的是忠誠與撫慰的特質。在下一段故事中，道士送了兩張符咒給秋容與小謝，要她們憑自己的機運取得重生機會時，也是秋容的穩健讓她記得先吞下符咒才行動。易言之，秋容是可靠的。這些細節似乎都暗示著她所象徵的阿尼瑪形象與母親意象之間的重疊。

而小謝則與少女意象有較深的關聯。她的年紀較輕，還曾讀過幾年書，她的弟弟三郎也同樣年輕有天分，他的形象加深了小謝的聰慧特質，同時給人一種模糊的未來性。夜行百里讓她的雙腳被老荊棘所傷，從而沒有信心再來探望陶生。她也因為慌張而忘記吞下符咒，從而無法藉由郝氏的肉體來復生。在秋容身邊，她是跟從者，是妹妹。她看著秋容捉弄陶望三，自己則在旁邊摀著嘴笑，同時又把自我介紹的權力，亦即彰顯身分的權力讓給了秋容，讓後者替自己發聲。她和秋容可以做為一組對比，既是姊妹，又是母女，她們同時是陶生內心的阿尼瑪。秋容與小謝都很美，但陶生卻首先選擇了秋容同床。她們兩位也都很聰明，但小謝卻仍勝過秋容不只一籌，所以陶生總要給秋容更多的鼓勵。這一對阿尼瑪形象說明了陶望三的內在面臨著分裂，而且是常見的肉體與精神的分裂。

這樣的分裂並不罕見，真實生活中，許多男性也面臨這樣的選擇。交往對象是賢淑一點的，還是年輕一點的呢？在內心中，他們也為這樣的分裂所苦。想要同時得到兩者是不可能的。不僅是倫理或法律上的不可能，同時也是個體化之路的不可能。只要想想《化身博士》中的傑奇與海德就可以知道，分裂的態度最終會將整個人給撕扯開來。現實生活裡的齊人之福主要是自欺欺人。許多算計都在這樣的感情生活裡發生。這不只是心理治療中的現實，也常常是報章雜誌的斗大標題。因為沒有人可以長久忍受被視為「物」來對待。我是正宮，我的角色是裝聾作啞，維持家庭表面的和諧。她是第三者，她的工作是提供情慾抒發，順便盡可能地多累積錢財，以免日後另一半翻臉不認人。此例中的正宮與小三因此被當成「物品」，而不是一個生來獨特，具有個性的人。怨懟與猜忌怎可能不發生？

考驗不會在準備好時才出現

因此秋容與小謝在歷經此事後的和解，就代表著陶生內在女性心靈的和解。黑判官擔憂事跡爆發，因此送還了秋容。陶生在此刻發現了自己對秋容的感情，想與之同寢，但二女卻執意不肯，說道：「先前受您教導，才懂得一些道理。如今怎能因為愛你而傷害你呢？」讀者稍加留心就會發現，此番拒絕的話是透過兩人的口一同說出來的，換言之，此時的二女實為一人，二心實為一心。此外，她們拒絕的原因是由於受了陶生的教導，明白道理。無知變成有知，害人的惡鬼成了明理的好鬼，也說明陰影已經逐漸意識化，陶望三的意識隨著覺察的深度而大幅地增加，此後他們情同夫妻，不再猜疑。

弔詭的是，如果陶生當時聽了三郎的勸沒有前去應試，秋容與小謝就沒有機會和解，三郎也沒有機會轉生，而陶望三也沒有機會整合這兩種不同的阿尼瑪形象了。這麼說來，考驗並不會在我們準備好的時候才出現，命運有它自己的安排。我們只能在考驗來臨的時候，運用手邊的資源與現有的能力去應對。所謂準備好的狀態根本就不存在。雖然工作裡常有上臺的經驗，但每次上臺前我還是會感到有些緊張，畢竟臺下的聽眾每次都不相同。孟子也說「未有先學養子而後嫁者也」，亦即沒有先學會教養孩子才去結婚的人。多數時候，再學習、主動學習，以及解決問題的能力遠遠比我們擁有多少知識的內容還重要。所以學校教育不只應該看重學生學會了什麼，也要看重學生在面對未知情境（也就是沒學過的題目）時，怎麼著手解決眼前的疑難，而所謂的未知，就是焦慮的來源。因此，若說面對焦慮，處理焦慮的能力是學生未來人生路上最重要的能力也不為過。能這麼想，就會覺得傳說故事也有頗具教育意義的地方。

借屍還魂的心理學意義

接下來就是整段傳說中最玄妙也最驚人的情節，亦即道士幫助兩個女鬼還陽，但機會只有一個，誰先吞下符咒往外頭的棺材跑去，誰就能借屍還魂。道士在中國的傳統民間社會裡，擔任的是祭司或法師這樣角色的人物。「道」這個字，是中國哲學對最高宇宙法則的稱呼。道士的職業以此為名，意味著他們是天地的橋梁，追求的是永恆的生命與倫理。正因此故，民間多相信道士能役使神鬼，禳福消災。當這位不知名的道士發現陶生身上的鬼氣時，陶生大可以否認道士的說法，繼續在老宅院裡過著原先的生活。但他卻警覺到，這可能是改變的契機。而原以驅鬼為業的道士竟然主動提出解決方案，願協助她們還陽。

如果我們把這位道士的舉動跟〈白蛇傳〉裡的法海相比，很明顯地可以看出，道士在這則故事裡，代表的是推動轉化與重生的神聖力量。遊走在陰陽兩界的道士，也象徵了兩種不同態度在長久對立下終於產生出的創造性觀點。為了解決人鬼殊途的困境，道士提出象徵著「超越功能」的解決方案。超越功能是分析心理學用以形容原先無法化解的對立態度，在潛意識的長久醞釀下所形成的新觀點。她們的還陽並不是嚴格意義上的復活，因為她們並未以原本的形貌重生，而是必須借用他人的肉身還魂。

道士送給兩位女鬼的符咒本是用於建立結界或召喚神聖力量的法術道具，但在此處，它創造的卻是穿越結界的大門。易言之，它是跨越陰陽兩域，破除死生界線的物品。秋容因為使用了它，從而消弭了亡魂與肉身之間的隔閡，使兩者合為一體。復活後的郝氏女就是秋容，秋容也就是郝氏女，她們兩人容貌雖異，但同樣美麗。我們在此處又見到了〈小翠〉裡的劇情，當狐仙小翠離開前，她用了一年的時間慢慢地改變形貌，成為另一個模樣。後來元豐娶了鍾氏女，發現她長得和小翠一樣，這才知道當年小翠是為了消除元豐日後的思念而刻意改換自己的外表。這是阿尼瑪與真實人物逐漸混同，內外產生深度整合的另個例子。

未及化作人形的小謝

至此，秋容所象徵的阿尼瑪形象已經與現實中的人整合起來，而小謝呢？她因為忘記吞下符咒失去這個機會，只能夜夜哭泣。秋容與陶生不忍，又去拜託道士幫忙。道士雖然連番拒絕，但還是拗不過陶生，只得借用一個房間，連續端坐在裡面十餘日，奔走到百里之外找到了一副少女的身體，這才讓小謝順利重生。

小謝藉蔡氏女肉身還陽的心理學意義也與秋容相同。不同的是，秋容在前，小謝在後。讓我們回想故事前段裡的細節。當陶望三被捕入獄，秋容跟著被黑判官捉走後，小謝也去探望了陶生，她告訴陶生自己的腳被老荊棘所傷，難以行走，日後恐怕是來不得了。為何鬼魂會被荊棘所傷，血還染紅了鞋襪？這點大大違背一般人對鬼魂的認識。然而，這卻是理解整部故事的鑰匙。

荊棘是一種帶刺的灌木，荊與棘本來是兩種不同的植物，但因為在野外常會混著蔓生，所以被合在一起稱為「荊棘」。不論中西方的文本，荊棘都被視為阻礙、困難的象徵。在童話《睡美人》中，荊棘包覆了公主所居住的城堡，那些未在正確時間到來的王子紛紛死於荊棘叢裡，直到一百年後，命中注定的王子到來，老荊棘叢才自動打開，讓路給他。在中國，荊棘也被當作小人的形容詞，《楚辭》曾云，「行明白而日黑兮，荊棘聚而成林。」易言之，荊棘在心理學裡象徵了不可知的、受貶抑的陰暗面。

小謝之所以會被荊棘所傷，暗示著她與陰影有分不開的關係。她的還陽時間之所以會遲於秋容並非意外，乃是意識自我在接納以少女、聰慧、被動、嬌弱等意象出現的阿尼瑪時，其難度比起以母親、滋養、保護、忠貞等意象出現的阿尼瑪為高。這也是為什麼小謝復活後的蔡氏女身分要等到日後陶望三當官才被揭曉，比起秋容一開始就明白地以郝氏女身分還陽晚上許久。考取功名在中國的傳說裡象徵著自我更深地參與了社群，並順利被社會給接受。換言之，若非如此，男性的青春阿尼瑪形象就無法被當事人順利地認識。或許唯有真正地在心理意義上成為社會的一分子，並對社會有所貢獻，男人才能從青春幻夢中醒覺過來。

每個婆媳問題背後都躲著一個長不大的男孩

道士奔走多日，方才尋得一副好身體給小謝使用。易言之，要能符應小謝形象的真人實在難尋。回到現實層面來說，內心懷抱這種女性意象的男性，在親密關係裡更容易失望。如果他不能處理這個失望，不能理解這個失望並非外在真實的人所引起，而實在是內心的阿尼瑪所造成的，他就會一再將她投射出去，然後反覆感到挫折。他們永遠會將目光看向青春少女，看向那些有著清純學生特質的女性，也就是如同小謝那樣的女孩。他們錯誤地以為那是愛的解答。

擺脫母親意象並不容易，但要擺脫青春意象更是困難。如果人不能從母親意象中擺脫出來，他就不可能獨立。母愛的陰暗面可能會以威脅或控制的方式存在，目的是讓孩子在情感上和母親彼此依附，他們就算長大或擁有多高的成就，內在仍然是個飽受驚嚇和失去行動力的孩子。他們仰賴另一半擔任拯救者，用以補足他們無從發展的面向，但另一半終究會讓他們失望。原因已如上述，沒有人可以永久成為另一個人的「物品」，也沒有人有義務成為另一個人的拯救者。親密關係雖然可以是避風港，但關係的主旋律卻不能是母子、父女或師生。婆婆有時會因為這樣痛恨媳婦，便是源於後者的拯救者身分威脅了婆婆的統治者地位。只有在這個時候，另一半才會發現，原來孝順是懦弱的同義詞。這麼想來，每個婆媳問題的背後，可能都躲著一個沒有長大的小男孩。

生命的真相

但人更難擺脫青春意象的原因是什麼呢？是死亡，是悔恨，亦即人僅能活那短暫一生所不可免的遺憾。為了成就，為了社會化，我們丟失了青春時的夢想，放棄了成為不同人，擁有不同生活的可能性。這一切最終會積累成巨大的黑暗在中年時向我們席捲而來。而這一切被我們視為無知幼稚的青春幻夢遂成為了陰影，與我們內心的阿尼瑪相互結合。帶著朦朧的知性與可能性，同時看似嬌弱無知的少女，因此成為了這類男人投射希望與絕望的對象。藉由與更年輕的女性結合，他們感受到了回春與重生的愉悅，縱然那只是假象。

真相是什麼？真相是老年接在中年之後而來，他們的生命時鐘仍在運轉，個體化的動能正持續流失中；真相是生命有其限制；真相為愛並不是指一個特定具體的人，而是人格在成熟後所自發展現的能力。

唯有那有著安全感的孩子可以從母親的影響力下自信長大，也獨有那能審視接納內在陰影的人可以從青春的幻夢裡甦醒。陰影雖是受我們壓抑的面向，當中卻有著積極的特質。接納陰影能讓我們對生活重拾好奇、創造和愉悅。然後我們會進一步擁有成熟的天真，圓融的孩子氣，進而明白愛的真諦，秋容與小謝的先後復活及得到新身分的速與遲，正是此意。

補償青春逝去的意識

後來陶望三應試得官，小謝的身分藉由同榜考生蔡子京得到了確立，原來她的肉身竟是蔡氏女，亦即蔡子京的小妹。現在真相終於大白。應試得官代表著他原先的人格不再貧瘠，生命重新獲得充實。更重要地，是前面曾提到的，那意味著一個人真正踩在了大地上，透過努力而成為了社會運作的一分子。當我們的勞動與心思能有益我們所處社群的那一刻，失去青春的遺憾才會以有意義的方式被轉化。歷經風雨終而結實纍纍的大樹，不會對自己在春天落下的花朵感到遺憾，因為花朵以自己的方式成就了果實，而後又化為土壤肥沃了大樹的生命。

遺憾的是，許多人即使外表看來功成名就，但心理上卻更像個「掠奪者」，而非「供給者」。同樣以樹做比喻，他們的人格並未成功地結果，因而只能哀嘆身上落下的花瓣。他們之所以要牢牢地緊抓著少女阿尼瑪的意象，豈不是很自然的嗎？

整合會循特定階段發生

秋容與郝氏的結合，象徵著陶生已然自母親負面的影響力下脫離，成為了獨立負責的個體；小謝與蔡氏的結合，則象徵著他認清了生命的限制，以成熟的方式補償年輕時的遺憾。因此傳說裡的陶望三雖然有妻有妾，但就其象徵意義而言，代表的並非齊人之福，而是暗示著讀者，整合的過程會依循特定的階段發生，而在此過程中，小謝的少女形象是最難面對的。這正是此篇傳說以第二女主角小謝，而非以秋容為名的真正原因。

最後要提醒的是，雖然傳說裡描述的是男性的成長，但在當代社會中，有類似困擾的女性也不在少數吧？母親或青春意象不會只影響單一性別，女性必然也經歷了相同的掙扎。不論是身為放棄了個人志業的家庭主婦，還是努力在職場或學術領域裡綻放自我的專業女性，「秋容」所代表的安全感與「小謝」所代表的遺憾，同樣會對我們發生影響力。不論男女，我相信這兩位作為阿尼瑪意象的美麗女鬼，都會躲在我們內心老宅的暗處，時時刻刻對我們取笑逗弄，直到我們轉身接受她們的那一天。

結語

鬼是人類生命狀態的延續，它象徵著未知狀態與死亡陰影。女鬼的誘惑無一例外地指向了黑暗的魅力，那裡有遺憾、有限制，但與她們的相遇卻是我們不得不面對的生命關卡。向她們屈服，從而死在女鬼的戕害之下；或與她們結識，從而覓得整合的機會。拯救女鬼是為了拯救自己，但不論是否認有鬼的陶望三、遇見鬼的寧采臣與王鼎，或者化作鬼的杜麗娘，他們都在孤獨或分裂感裡受苦。

女鬼總是要求被認識，這是陰影企盼得到接納的證明。被接納的女鬼會帶領我們穿越黑暗的試煉，與死亡的衝動對決。因此人鬼戀不是別的，恰恰就是光與影、明與暗的整合。對女鬼的愛戀，就是對自身對立面的愛戀；與女鬼的結合，就是與我所捨棄、逃避之面向的結合。人與鬼、生與死、男與女，冥戀所指的如果不是個體化的遭遇，又會是什麼？人與鬼之間的相遇是心理事件的反映，而不僅是荒誕的傳說而已。如果沒有作為個體的「我」存在，關係無論如何都是空洞的。空洞的靈魂遇不見真實的人，它只會使雙方都活在投射裡。但如果沒有作為對立極的「你」存在，我們又會是孤獨的。這分對孤獨的意識讓我們尋求著「你」，尋求我內在陌生且令人懼怕的鬼魂。正是這樣，我們才藉由愛走向了個體化，從而明白關係的真諦。一旦明白了這個，我們就明白了民間傳說，原來鬼狐妖仙都是「我」，是永恆大我的萬千化身。

傳說裡的心理學—❷異婚與冥戀

出　　版／楓樹林出版事業有限公司
地　　址／新北市板橋區信義路163巷3號10樓
郵政劃撥／19907596 楓書坊文化出版社
網　　址／www.maplebook.com.tw
電　　話／02-2957-6096
傳　　真／02-2957-6435
作　　者／鐘穎
企劃編輯／陳依萱
書封設計／許晉維
書封插畫／Jody Tseng
內頁插圖／SmallGwei
校　　對／周佳薇、劉素芬、周季瑩
港澳經銷／泛華發行代理有限公司
定　　價／350元
出版日期／2022年1月

國家圖書館出版品預行編目資料

傳說裡的心理學. 2, 異婚與冥戀 / 鐘穎作.
-- 初版. -- 新北市：楓樹林出版事業有限公司, 2022.01　面；　公分

ISBN 978-986-5572-78-5（平裝）

1. 心理學 2. 通俗作品

170　　110018792